原本解說

# 明心寶鑑

서경 편

예성출판사

| 머 리 말 |

  마음을 밝혀주는 보배로운 거울이란 뜻의 이름을 가진 이 책은 고려의 제25대 충렬왕(忠烈王 1274~1308)때의 대 유학자인 노당 추적(露當 秋適 1246~1317)이 중국의 문집류(文集類)속에서 자기관리나 인간관계, 그리고 올바른 마음가짐과 행동에 모범이 될 만한 훌륭한 글이나 말을 발췌하여 집대성한 것입니다. 조선시대에는 가정과 서당 등에서 마음을 닦는 인격수양의 교양서로 널리 쓰여 졌으며 그 후로도 수신서중에 동양 최고의 명작으로 일컬어져 왔습니다. 여기에 수록된 문장들은 이러한 명문(明文)을 좀 더 쉽게 익힐 수 있게 하기 위하여 문장과 문장사이에 충분한 행간을 두어 직접 음훈 및 해설을 표기하면서 배울 수 있게 하였습니다.

2016년 10월

서 경

| 차 례 |

01 계선편(繼善篇) - 끊임없는 선행 • 4
02 천명편(天命篇) - 하늘에 순종하는 길 • 9
03 순명편(順命篇) - 숙명의 길 • 12
04 효행편(孝行篇) - 부모에게 보답하는 길 • 14
05 정기편(正己篇) - 올바른 성품과 하늘의 이치 • 17
06 안분편(安分篇) - 만족과 분수의 한계 • 28
07 존심편(存心篇) - 마음가짐 • 31
08 계성편(戒性篇) - 사람의 성품 • 39
09 근학편(勤學篇) - 부지런히 배워 학문에 힘씀 • 44
10 훈자편(訓子篇) - 가르치는 길 • 48
11 성심편(省心篇(上)) - 마음을 살펴 반성하는 길 • 51
12 성심편(省心篇(下)) - 마음을 살펴 반성하는 길 • 67
13 입교편(立敎篇) - 생활 실천의 근본 요강 • 80
14 치정편(治政篇) - 나라를 이루는 터전 • 90
15 치가편(治家篇) - 가정 생활과 운명 • 95
16 안의편(安義篇) - 인륜의 기본 • 98
17 준례편(遵禮篇) - 상호간에 이루어지는 예절 • 100
18 언어편(言語篇) - 진정한 언어의 생활 • 103
19 교우편(交友篇) - 참된 벗을 사귀는 길 • 106
20 부행편(婦行篇) - 참다운 여성의 역할 • 109
21 증보편(增補篇) - 선악의 선택길 • 112
22 팔반가팔수(八反歌八首)
  - 늙은 어버이와 내 자식의 가교 역할 • 113
23 효행편(續・孝行篇)
  - 생사의 기로에 선 부모에게 효도하는 길 • 118
24 염의편(廉義篇) - 품행이 바르고 절조가 굳은 길 • 122
25 권학편(勸學篇) - 참된 배움의 길 • 127
26 부록편 • 129

# 1. 繼善篇
〔끊임없는 선행〕

子 - 曰爲善者는 天報之以福하고 爲不善者는 天報之以禍니라

공자께서 말씀하시기를 착한 일을 하는 사람에게는 하늘이 복으로써 갚고 악한 일을 하는 사람에게는 하늘이 화로써 갚느니라.

■ 공자(孔子 기원 전 552~479) : 이름은 구(丘), 자(字)는 중니(仲尼). 중국 춘추(春秋) 말기의 노(魯)나라 창평(昌平), 즉 지금의 산동성(山東省)에서 아버지 숙량홀과 어머니 안징재 사이에서 기원 전 552년에 탄생. 대철학자, 교육자, 유교의 창시자이며 예수, 석가와 더불어 세계의 3대 성인(聖人)으로 꼽힘. 진(陣)·위(衛)·초(楚)등 여러 나라를 다니며 예(禮)와 인(仁)으로써 어지러운 천하를 바로잡으려 했는데 결국 이러한 그의 가르침은 곧 동양 여러 나라에 큰 영향을 주었음. 그리고 공자가 죽은뒤 그의 제자들이 사제(師弟)간의 문답과 그의 언행을 기록한 책이 논어(論語)인데 이는 공자 연구의 유일한 자료이자 유가(儒家)의 성전(聖典)으로 불리고 있음.

漢昭烈이 將終에 勅後主曰勿以善小而不爲하고 勿以惡小而爲之하라

繼 이을계  善 착할선  篇 책편  報 갚을보  福 복복  禍 재화화  昭 밝을소  烈 매울렬  終 마칠종  勅 칙서칙  而 말이을이

한나라 소열이 죽음에 이르러 아들 후주에게 조칙하여 말하기를 착한 일이 작다고 해서 아니하지 말고 악한 일이 작다고 해서 범해서는 안되느니라.
- ■ 소열(昭烈 160~223) : 중국 삼국 시대의 한 나라인 촉한(蜀漢)을 건설한 초대 왕(221~223) 소열황제(昭烈皇帝). 성(姓)은 유(劉), 이름은 비(備), 자(字)는 현덕(玄德)이고 소열은 그의 시호(諡號)임. 서촉(西蜀)지방을 영유하여 촉한을 세우고 강북(江北)의 위(魏)와 강남(江南)의 오(吳)나라와 더불어 삼국(三國)을 형성하였음.

## 莊子 - 曰一日不念善이면 諸惡이 皆自起니라

장자가 말씀하시기를 하루라도 착한 것을 생각하지 않으면 모든 악한 것이 스스로 다 일어나느니라.
- ■ 장자(莊子 기원 전 365~290) : 중국 전국(戰國) 시대 최고의 사상가로 송(宋)나라 사람. 이름은 주(周). 노자(老子)의 무위자연(無爲自然)을 계승하여 노장사상(老莊思想)을 이룩하였음.

## 太公이 曰見善如渴하고 聞惡如聾하라 又曰善事란 須貪하고 惡事란 莫樂하라

태공이 말하기를 착한 일을 보거든 목이 말라 물을 구하듯이 주저하지 말고 악한 것을 듣거든 귀머거리 같이 못 들은체 하라. 또 말하기를 착한 일이면 모름지기 탐을 내고 악한 일이면 즐겨하지 말라.
- ■ 태공(太公) : 기원 전 1122년 지금의 중국 산동성(山東省)

莊 장엄할장  念 생각할념  諸 모두제  皆 모두개  起 일어날기  如 같을여  渴 목마를갈  聾 귀먹을롱  須 모름지기수  貪 탐낼탐  莫 말막  樂 즐거울락

사람으로 주(周)나라 초기의 현자(賢者). 성(姓)은 강(姜), 이름은 여상(呂尙) 또는 여망(呂望)이라 함. 문왕(文王 : 무왕의 아들), 무왕(武王)을 도와 주(周)나라를 창건(創建)한 정치가. 위수(渭水)가에서 낚시질을 하다가 문왕에게 기용(起用)된 전설은 유명함. (강태공의 낚시질)

馬援이 曰終身行善이라도 善猶不足이요 一日行惡이라도 惡自有餘니라

마원이 말하기를 일생을 두고 착한 일을 행하여도 착한 것은 오히려 부족할 것이요 하루 악한 일을 행할지라도 악은 스스로 남아 있느니라.
■ 마원(馬援 기원 전 11~서기 49) : 중국 후한(後漢)인으로 광무제(光武帝 기원 전 6~서기 57 후한의 초대 임금(25~57))를 도와 많은 무공을 세운 장군이며 자(字)는 문연(文淵).

司馬溫公이 曰積金以遺子孫이라도 未必子孫이 能盡守요 積書以遺子孫이라도 未必子孫이 能盡讀이니 不如積陰德於冥冥之中하야 以爲子孫之計也니라

사마온공이 말하기를 돈을 모아서 자손에게 남겨줄지라도 반드시 자손이 다 지키지 못할 것이요 책을 모아서 자손에게 남겨

援 구원할원  猶 오히려유  餘 남을여  積 쌓을적  遺 끼칠유  盡 다할진  讀 읽을독  冥 어두울명

줄지라도 반드시 자손이 다 읽지 못할 것이니 자손을 위하는 꾀(길)로서는 뚜렷이 나타내지 않는 가운데 남몰래 베푸는 덕을 쌓는 것만 같지 못하니라.
- ■ 사마온공(司馬溫公 1019~1086) : 사마온공은 세상에서 일컬어지는 존칭. 이름은 광(光), 자(字)는 군실(君實), 호(號)는 우부(迂夫). 시호(諡號)는 문정(文正). 중국 북송(北宋)시대의 정치가이며 학자임.

景行錄에 曰恩義를 廣施하라 人生何處不相逢이랴 讐怨을 莫結하라 路逢狹處면 難回避니라

경행록에 말하기를 은혜와 의리는 널리 베풀어라. 사람이 어느 곳에서든 서로 만나지 않으랴? 원수와 원망을 맺지 말라. 길이 좁은 곳에서 만나면 피할길 어려우니라.
- ■ 경행록(景行錄) : 송(宋)나라 때 만들어졌으며 떳떳하고 밝은 행위를 가르치는 책.

莊子- 曰於我善者도 我亦善之하고 於我惡者라도 我亦善之니라 我旣於人에 無惡이면 人能於我에 無惡哉

장자가 말하기를 나에게 착하게 하는 사람에게도 나 역시 착하게 대하고 나에게 나쁘게 하는 사람에게도 나 역시 착하게 대할지니라. 내가 이미 남에게 악하게 아니하였으면 남도 능히 나에게 악하게 하는 일이 없을 것이니라.

景 볕경　錄 기록할록　廣 넓을광　施 베풀시　逢 만날봉　讐 원수수　怨 원수원　狹 좁을협　難 어려울난　避 피할피　我 나아　旣 이미기　於 어조사어　哉 어조사재

東岳聖帝垂訓에 曰一日行善이라도 福雖未至나 禍自遠矣요 一日行惡이라도 禍雖未至나 福自遠矣니 行善之人은 如春園之草하여 不見其長이라도 日有所增하고 行惡之人은 如磨刀之石하야 不見期損이라도 日有所虧니라

동악성제가 훈계를 내려 말하기를 하루 착한 일을 행할지라도 복은 비록 이르지 아니하나 화는 스스로 멀어지리요 하루 악한 일을 행할지라도 화는 비록 이르지 아니하나 복은 스스로 멀어지니 착한 일을 행하는 사람은 봄의 동산에 풀과 같아서 그 자라나는 것은 보이지 않을지라도 날로 더하는 바가 있고 악한 일을 행하는 사람은 칼을 가는 숫돌과 같아서 갈리어 닳아 없어지는 것이 보이지 않을지라도 날로 이지러지는 것과 같으니라.

■ 동악성제(東岳聖帝) : 중국 춘추 전국 시대에 자연을 숭상하던 학자들을 통털어 일컫는 도가(道家)에 속하는 성현(聖賢)의 한 사람. 연대와 성명은 미상(未詳).

子- 曰見善如不及하고 見不善如探湯하라

공자가 말씀하시기를 착한 것을 보거든 아직도 부족한 것같이 하고 착하지 못한 것을 보거든 끓는 물을 더듬는 것과 같이 하라.

垂 드리울수  訓 가르칠훈  園 동산원  磨 갈마  損 덜손  虧 이지러질휴  如 같을여  及 미칠급  探 더듬을탐  湯 끓을탕

## 2. 天 命 篇
〔하늘에 순종하는 길〕

### 子 - 曰順天者는 存하고 逆天者는 亡이라

공자가 말씀하시기를 천명에 따르는 자는 살고 천명을 거역하는 자는 망하느니라.

### 康節邵先生이 曰天聽이 寂無音하니 蒼蒼何處尋고 非高亦非遠이라 都只在人心이니라

강절소 선생이 말하기를 하느님께서 들으심이 고요하여 소리가 없으니 푸르고 푸른 어느 곳을 찾을고. 높지도 아니하고 또 멀지도 아니한지라. 모두가 다만 사람의 마음에 있는 것이니라.
  ■ 강절소(康節邵 서기 1011~1077) : 중국 송(宋)나라 때의 유학자(儒學者). 성(姓)은 소(邵), 이름은 옹(雍), 자(字)는 요부(堯夫). 강절은 죽은 후에 붙여진 시호(諡號)임.

### 玄帝垂訓에 曰人間私語라도 天聽은 若雷하고 暗室欺心이라도 神目은 如電이니라

현제가 훈계를 내리기를 사람들의 사사로운 말일지라도 하늘의

順 순할순　存 있을존　逆 거스릴역　亡 망할망　康 편안강　邵 땅이름소　聽 들을청　寂 고요할적　音 소리음　蒼 푸를창　尋 찾을심　都 도읍도　只 다만지　帝 임금제　語 말씀어　暗 어두울암　欺 속일기　電 번개전

들으심은 우뢰와 같으며 어두운 방에서 마음을 속일지라도 귀신의 눈은 번개와 같으니라.

**益智書**에 **云惡鑵**이 **若滿**이면 **天必誅之**니라

익지서에 이르기를 나쁜 마음이 단지에 가득히 차면 하늘이 반드시 벌할 것이니라.
■ 익지서(益智書) : 송(宋)나라 때에 만들어진 교양에 관한 책.

**莊子** - **曰若人**이 **作不善**하야 **得顯名者**는 **人雖不害**나 **天必戮之**니라

장자가 말하기를 만일 사람이 착하지 못한 일을 저질러서 세상에 이름을 나타낸 자는 사람은 비록 해치지 않더라도 하늘이 반드시 죽일 것이니라.

**種瓜得瓜**요 **種豆得豆**니 **天網**이 **恢恢**하야 **疎而不漏**니라

오이를 심으면 오이를 얻을 것이요 콩을 심으면 콩을 얻을 것이니 하늘의 그물이 넓고 넓어 보이지 아니하야 새지는 아니하느니라.

智 지혜지 鑵 두레박관 誅 벨주 若 같을약 顯 나타날현 雖 비록수 害 해칠해 戮 죽일륙 瓜 오이과·외과 網 그물망 恢 넓을회 疎 성길소·드물소 漏 샐루

# 子 - 曰獲罪於天이면 無所禱也니라

공자가 말씀하시기를 나쁜 일을 하여 하늘로부터 죄를 얻으면 빌 곳이 없느니라.

獲 얻을획  罪 허물죄  禱 빌도

# 3. 順命篇
〔숙명의 길〕

### 子 - 曰死生이 有命이오 富貴在天이니라

공자가 말씀하시기를 죽고 사는 것은 명에 있는 것이오 부자가 되고 귀하게 되는 것은 하늘에 달려있느니라.

### 萬事分已定이어늘 浮生空自忙이니라

모든 일은 이미 분수가 정해져 있거늘 세상 사람들이 부질없이 스스로 바쁘게 움직이느니라.

### 景行錄에 云禍不可倖免이오 福不可再求니라

경행록에 이르기를 화는 가히 요행으로 면하지 못하고 복은 가히 두번 다시 구하지 못할 것이니라.

### 時來風送滕王閣이오 運退雷轟薦福碑라

때를 만나면 왕발이 순풍을 만나 하룻밤에 등왕각에 가서 서문(序文)을 지어 이름을 높이듯 일이 잘 될것이오 운수가 나쁘면

---

死 죽을사　命 목숨명　富 부자부　已 이미이　浮 뜰부　忙 바쁠망　倖 요행행　免 면할면　滕 오를등　閣 대궐각　轟 우렛소리굉　薦 천거할천　碑 비석비

천복비에 벼락이 내려 비석이 깨져 천신만고가 수포로 돌아가는 것이니라.
- ■ 왕발(王勃) : 당(唐)나라 때의 시인. 자(字)는 자안(子安). 등왕각서(滕王閣序)를 지어 문명(文明)을 떨쳤음.
- ■ 등왕각(滕王閣) : 중국 양자강 유역 남창(南昌)에 있는 누각.
- ■ 천복비(薦福碑) : 중국 강서성(江西省) 천복사(薦福寺)에 세워진 비. 원(元)나라 때 마치원(馬致遠)이 세운 것이라는 설도 있고 당(唐)나라 때 구양순(歐陽詢)이 썼다는 설도 있음.

## 列子－ 曰痴聾痼瘂도 家豪富요 智慧聰明도 却受貧이라 年月日時－該載定하니 算來由命不由人이니라

열자가 말씀하시기를 어리석고 귀먹고 고질있고 벙어리라도 집은 호화롭고 부자요 지혜있고 총명하여도 도리어 가난하느니라. 운수는 해와 달과 날과 시로(四柱) 분명히 정하여 있으니 계산해 보면 부귀는 사람됨에 있지 않고 명에 있는 것이니라.
- ■ 열자(列子) : 중국 춘추 전국 시대 초기의 사상가로 정(鄭)나라 사람. 이름은 어구(御寇). 노자(老子)보다는 100년 후의 사람으로 사상적으로는 도가(道家)에 속함. 노자의 설(說)을 이어받아 무위자연(無爲自然)을 강조하였으며 그가 지은 저서(著書)도 열자라고 했는데 이는 노자도덕경(老子道德經)·장자(莊子)와 더불어 도교의 근본 경전(經典)으로 일컬어지고 있음.

痴 어리석을치  痼 고질고  瘂 벙어리아  豪 호걸호  慧 지혜혜  聰 귀밝을총

## 4. 孝 行 篇
〔부모에게 보답하는 길〕

詩－ 曰父兮生我하시고 母兮鞠我하시니 哀哀父母여 生我劬勞삿다 欲報深恩인데 昊天罔極이로다

시전에 말하기를 아버지 나를 낳으시고 어머니 나를 기르시니 아아, 애닯고 슬프도다, 부모님이시여. 나를 낳아 기르시느라고 애쓰시고 수고 하셨도다. 그 깊은 은혜를 갚고자 할진데 넓은 하늘도 다함이 없도다.
■시전(詩傳) : 시경(詩經)을 해설한 것으로 공자(孔子)가 편찬했다고 함.

子－ 曰孝子之事親也는 居則致其敬하고 養則致其樂하고 病則致其憂하고 喪則致其哀하고 祭則致其嚴이니라

공자가 말씀하시기를 효자가 어버이를 섬기는 것은 기거하심에 그 공경을 다하고 봉양함에는 즐거움을 다하고 병드신 때에는 그 근심을 다하고 초상(죽음)을 맞을 때는 그 슬픔을 다하고 제사가 있을 때는 그 엄숙함을 다할 것이니라.

孝 효도효  兮 어조사혜  鞠 기를국  哀 슬플애  劬 힘쓸구  昊 하늘호  極 다할극  致 이를치  敬 공경할경  喪 초상상  祭 제사제  嚴 엄할엄

子─ 曰父母─在어시든 不遠遊하며 遊必有 方이니라

공자가 말씀하시기를 부모가 살아 계시거든 멀리 떨어져 놀지 말 것이며 놀 때에는 반드시 그 가는 곳을 알려야 하느니라.

子─ 曰父─命召어시든 唯而不諾하고 食在 口則吐之니라

공자가 말씀하시기를 아버지께서 부르시거든 속히 대답하여 거슬리지 말고 음식이 입에 있거든 곧 뱉고 대답할 것이니라.

太公이 曰孝於親이면 子亦孝之하나니 身旣不 孝면 子何孝焉이리오

태공이 말하기를 어버이께 효도하면 내 자식이 역시 나에게 효도하나니 내 자신이 효도하지 않는다면 내 자식이 어찌 나에게 효도하리오.

孝順은 還生孝順子요 忤逆은 還生忤逆子하 나니 不信커든 但看簷頭水하라 點點滴滴不差

遠 멀원  遊 놀유  召 부를소  唯 오직유  諾 대답할낙  則 곧즉  吐 토할토  亦 또역  何 어찌하  焉 어조사언  還 돌아올환  忤 거스릴오  簷 처마첨  滴 물방울적  差 어긋날차

## 移니라

효도하고 순한 사람은 역시 효도하고 순한 자식을 낳을 것이오 오역한 사람은 역시 오역한 자식을 낳을 것이라고 하나니 믿지 못할 것 같으면 저 처마 끝의 낙수를 보라. 방울방울 떨어져 내림이 어긋남이 없느니라.

移 옮길이

# 5. 正 己 篇
〔올바른 성품과 하늘의 이치〕

性理書에 云見人之善而尋己之善하고 見人之惡而尋己之惡이니 如此면 方是有益이니라

성리서에 이르기를 남의 착한 것을 보고서 나의 착한 것을 찾고 남의 악한 것을 보고서 자기의 악한 것을 찾을 것이니 이와 같이 함으로써 바야흐로 유익함이 있느니라.
■ 성리서(性理書) : 송(宋)나라 때 유학(儒學)의 한 계통인 인간의 심성(心性)과 우주의 원리를 연구하는 학문.

景行錄에 云大丈夫-當容人이언정 無爲人所容이니라

경행록에 이르기를 대장부는 마땅히 남을 용서할지언정 남의 용서를 받는 사람이 되지 말것이니라.

太公이 曰勿以貴己而賤人하고 勿以自大而蔑小하고 勿以恃勇而輕敵이니라

태공이 말하기를 내 몸이 귀하다고 하여 남을 천하게 여기지

말고 자기가 크다고 해서 남의 작은 것을 업신여기지 말고 용맹을 믿고서 적을 가볍게 여기지 말지니라.

馬援이 曰聞人之過失이어든 如聞父母之名하여 耳可得聞이언정 口不可言也이니라

마원이 말하기를 남의 허물을 듣거든 부모의 이름을 듣는 것과 같이 하여 귀로 가히 들을지언정 입으로는 말하지 말 것이니라.

康節邵先生이 曰聞人之謗이라도 未嘗怒하며 聞人之譽라도 未嘗喜하며 聞人之惡이라도 未嘗和하며 聞人之善則就而和之하고 又從而喜之니라 其詩에 曰樂見善人하며 樂聞善事하며 樂道善言하고 樂行善意하고 聞人之惡이어든 如負芒棘(刺)하고 聞人之善이어든 如佩蘭蕙니라

강절소 선생이 말하기를 남의 비방을 듣더라도 곧 성내지 말며 남의 좋은 소문을 듣더라도 기뻐하지 말며 남의 좋지 못한 것을 들을지라도 곧 동조하지 말며 나아가 이에 정답게 하고 따라서 기뻐할 것이니라. 그 시에 말하기를 착한 사람 보는 것을 즐거워 하며 착한 일 듣는 것을 즐거워 하며 착한 말 하는 것

馬 말마　援 도울원　聞 들을문　謗 헐어말할방　嘗 일찍상　怒 성낼노　譽 기릴예　棘 가시자　佩 찰패　蘭 난초난　蕙 난초혜

을 즐거워 하고 착한 뜻을 행하는 것을 즐거워 하고 남의 좋지 못한 것을 듣거든 가시를 온 몸에 진 것같이 하고 남의 착한 것을 듣거든 난초를 몸에 지닌것 같이 하라.

## 道吾善者는 是吾賊이오 道吾惡者는 是吾師이니라

나의 착함을 말해 주는 사람은 곧 나의 적이요 나의 좋지 못함을 말해 주는 사람은 곧 나의 스승이니라.

## 太公이 曰勤爲無價之寶요 愼是護身之符니라

태공이 말하기를 부지런히 일하는 것은 더 없는 귀중한 것이 될 것이요 정성스럽게 하는 것은 몸을 보호하는 부적이니라.

## 景行錄에 曰保生者는 寡慾하고 保身者는 避名이니 無慾은 易나 無名은 難이니라

경행록에 말하기를 삶을 보전하는 자는 욕심이 적고 몸을 보존하는 자는 이름을 피하나니 욕심을 없게 하기는 쉬우나 이름을 없게 하기는 어려우니라.

## 子-曰君子-有三戒하니 小之時엔 血氣未

吾 나오  賊 도둑적  師 스승사  勤 부지런할근  價 값가  寶 보배보  愼 삼갈신  符 부적부  保 보호할보  寡 적을과  慾 욕심욕  易 쉬울이  君 임금군  戒 경계할계

定이라 戒之在色하고 及其壯也하야 血氣方剛이라 戒之在鬪하고 及其老也하야 血氣旣衰라 戒之在得이니라

공자가 말씀하시기를 군자는 세 가지 경계가 있으니 연소(年少)할 때는 혈기가 정하여 있지 아니한지라 경계할 것은 여색(女色)에 있고 몸이 장성함에 이르러선 혈기가 바야흐로 굳센지라 경계할 것은 싸움에 있고 몸이 늙음에 이르러선 혈기가 이미 쇠약한지라 경계할 것은 탐하여 얻으려는데 있느니라.

孫眞人養生銘에 云怒甚偏傷氣오 思多太損神이라 神疲心易役이오 氣弱病相因이라 勿使悲歡極하고 當令飮食均하며 再三防夜醉하고 第一戒晨嗔하라

손진인의 양생명에 이르기를 성내기를 심히 하면 기운을 상하게 하고 생각이 많으면 크게 정신을 상하게 하느니라. 정신이 피곤하면 마음을 수고롭게 하기 쉬울 것이오 기운이 약하면 병이 나는 원인이니라. 슬퍼하고 기뻐하는 것을 심하게 하지 말고 마땅히 음식으로 하여금 고르게 하며 밤에 술취하지 말고 새벽녘에 성내는 것을 첫째로 경계하라.

■ 손진인(孫眞人) : 중국 춘추 전국 시대에 자연을 숭상하던 학자들을 일컫는 도가(道家)에 속하는 한 사람으로 이름은 미상(未詳).

壯 젊을장  剛 굳셀강  鬪 싸울투  衰 쇠할쇠  銘 새길명  偏 치우칠편  疲 피곤할피  役 부릴역  晨 새벽신  嗔 성낼진

**景行錄**에 曰食淡精神爽이오 心清夢寐安이니라

경행록에 말하기를 음식이 깨끗하면 마음이 상쾌하고 정신이 맑으면 잠을 편히 잘 수가 있느니라.


**定心應物**하면 雖不讀書라도 可以爲有德君子이니라

마음을 정하여 모든 일에 대하면 비록 글은 읽지 못하더라도 가히 덕이 있는 군자가 될 수 있느니라.


**近思錄**에 云懲忿을 如故人하고 窒慾을 如防水하라

근사록에 이르기를 분노를 징계하기를 옛 성인 같이 하고 욕심 막기를 물 막듯이 하라.
- 근사록(近思錄) : 송(宋)나라 때 주자(朱子)와 그의 제자인 여조겸(呂租謙)이 함께 지은 책. 인격수양에 필요한 금언(金言) 622조목을 간추려 14부로 나누었음.


**夷堅志**에 云避色을 如避讐하고 避風을 如避箭하며 莫喫空心茶하고 少食中夜飯하라

淡 물맑을담　爽 상쾌할상　夢 꿈몽　寐 잘매　應 응할응　雖 비록수　讀 읽을독
懲 징계할징　忿 분할분　故 옛습관고　窒 막을질　防 막을방　夷 오랑캐이　箭 화살전　喫 먹을끽　茶 차다　飯 밥반

이견지에 이르기를 여색 피하기를 원수 피하는 것같이 하고 색욕 피하기를 날아오는 화살 피하는 것같이 하며 빈 속에 차를 마시지 말고 밤중에는 밥을 많이 먹지 말라.
- ■ 이견지(夷堅志) : 송(宋)나라 때 사람 홍매(洪邁 1123~1202)가 엮은 설화집. 420권으로 되어 있음.

## 筍子 - 曰無用之辯과 不急之察을 棄而勿治하라

순자가 말하기를 쓸데 없는 말과 급하지 아니한 일은 그만두고 다스리지 말라.
- ■ 순자(筍子 서기 전 345~240) : 중국 전국(戰國)시대의 조(趙)나라 철학자로 이름은 황(況). 순자는 순황의 저서이며 그의 존칭이기도 함. 순황은 공자(孔子)의 제자 자하(子夏)의 학파에 속하며 맹자(孟子)의 성선설(性善說)과는 대립되는 성악설(性惡說) 즉, "사람은 태어나면서부터 선한 것이 아니므로 그대로 두면 인간의 행동은 중용(中庸)의 도(道)를 벗어난다"는 것을 제창하였음. 그의 저서인 순자는 20권 32편으로 되어 있음.

## 子 - 曰衆이 好之라도 必察焉하며 衆이 惡之라도 必察焉이니라

공자가 말씀하시기를 모든 사람이 좋아할지라도 반드시 살펴야 할 것이며 모든 사람이 미워할지라도 반드시 살펴야 할 것이니라.

筍 풀이름순  辯 말잘할변  察 살필찰  棄 버릴기  治 다스릴치  衆 무리중  焉 어조사언  惡 미워할오

**酒中不語**는 **眞君子**요 **財上分明**은 **大丈夫**이니라

술취한 가운데도 말이 없음은 참다운 군자요 재물에 대하여 분명함은 대장부이니라.


**萬事從寬**이면 **其福自厚**이니라

모든 일에 너그러움을 쫓으면 그 복이 스스로 두터워지느니라.


**太公**이 **曰欲量他人**인데 **先須自量**하라 **傷人之語**는 **還是自傷**이니 **含血噴人**이면 **先汚其口**이니라

태공이 말하기를 다른 사람을 알려고 할진데 먼저 반드시 자기를 헤아려 보라. 남을 상하게 하는 말은 도리어 자기를 상하게 하나니 피를 머금어 남에게 뿜으면 먼저 자기의 입이 더러워지느니라.


**凡戱**는 **無益**이오 **惟勤**이 **有功**이니라

무릇 놀이는 유익함이 없고 오직 부지런한 것만이 공이 있느니라.

---

酒 술주 眞 참진 財 재물재 從 좇을종 寬 너그러울관 厚 두터울후 量 헤아릴양 須 반드시수 含 머금을함 噴 뿜을분 汚 더러울오 凡 무릇범 戱 희롱할희 惟 오직유

太公이 曰瓜田에 不納履하고 李下에 不正冠이니라

태공이 말하기를 남의 외밭을 갈 때에는 신을 고쳐 신지 말고 남의 오얏나무 아래에서는 갓을 고쳐 쓰지 말지니라.

景行錄에 曰心可逸이언정 形不可不勞요 道可樂이언정 心不可不憂니 形不勞則怠惰易弊하고 心不憂則荒淫不定故로 逸生於勞而常休하고 樂生於憂而無厭하나니 逸樂者는 憂勞를 豈可忘乎아

경행록에 이르기를 마음은 가히 편할지언정 육신은 가히 수고롭지 아니할 수 없을 것이요 도는 가히 즐거울지언정 마음은 가히 근심하지 않을 수 없나니 육신은 수고롭게 하지 아니한즉 게을러져 허물어지기 쉽고 마음은 근심하지 아니한즉 주색에 빠져 마음을 정하지 못하는 고로 그러므로 편안함은 수고로움에서 생겨 늘 기쁠 수 있고 즐거움은 근심하는 곳에서 생겨 싫증이 없나니 편안하고 즐거운 자는 근심과 수고로움을 가히 잊을 수가 있겠는가.

耳不聞人之非하고 目不視人之短하고 口不

## 言人之過라야 庶幾君子이니라

귀로는 남의 그릇됨을 듣지 말고 눈으로는 남의 모자람을 보지 말고 입으로는 남의 허물을 말하지 말아야 이것이 군자라 할 것이니라.

## 蔡伯喈 - 曰喜怒는 在心하고 言出於口하나니 不可不愼이니라

채백개가 말하기를 기뻐하고 노여워 하는 것은 마음에 있고 말은 입밖으로 나가는 것이니 삼가하지 아니할 수 없는 것이니라.
- 채백개(蔡伯喈) : 후한(後漢) 영제(靈帝) 때의 문인(文人), 서가(書家)로서 이름은 옹(邕), 자(字)는 백개. 서기 150년에 채중랑전집(蔡中郎全集)과 독단(獨斷)을 저술하였음.

## 宰予 - 晝寢이어늘 子 - 曰朽木은 不可雕也요 糞土之墻은 不可圬也니라

재여가 낮잠을 자거늘 공자가 말씀하시기를 썩은 나무는 다듬지를 못할 것이요 썩은 흙으로 쌓은 담은 흙손질을 못할 것이니라.
- 재여(宰予) : 춘추(春秋) 시대의 노(魯)나라 사람. 자(字)는 자아(子我) 또는 재아(宰我)라고도 함. 공자(孔子)의 문인(門人)에서 십철(十哲) : 안회(顔回)·민자건(閔子騫)·염백우(冉伯牛)·중궁(仲弓)·재아(宰我)·자공(子貢)·염유(冉

過 지날과 庶 여러서 幾 몇기 蔡 채나라채 伯 맏백 喈 새소리개 喜 기쁠희 出 날출 宰 재상재 予 나여 朽 썩을후 雕 다듬을조 糞 똥분 墻 담장 圬 흙손오

有)·자로(子路)·자유(子游)·자하(子夏))로 일컫는 한 사람이며 자공(子貢)과 함께 언변에 능하였음.

紫虛元君誠諭心文에 曰福生於淸儉하고 德生於卑退하고 道生於安靜하고 命生於和暢하고 憂生於多慾하고 禍生於多貪하고 過生於輕慢하고 罪生於不仁이니 戒眼莫看他非하고 戒口莫談他短하고 戒心莫自貪嗔하고 戒身莫隨惡伴하고 無益之言을 莫妄說하고 不干己事를 莫妄爲하고 尊君王孝父母하며 敬尊長奉有德하고 別賢愚恕無識하고 物順來而勿拒하며 物旣去而勿追하고 身未遇而勿望하며 事已過而勿思하라 聰明도 多暗昧요 算計도 失更宜니라 損人終自失이오 依勢禍相隨라 戒之在心하고 守之在氣라 爲不節而亡家하고 因不廉而失位니라 勸君自警於平生하나니 可歎可警而可思니라 上臨之以天鑑하고 下察之以地祇라 明有三法相繼하고 暗有鬼神相

紫 붉을자 虛 빌허 諭 고할유 儉 검소할검 卑 낮을비 暢 화창할창 慢 게으를만 隨 따를수 伴 짝반 妄 망령될망 恕 용서할서 識 알식 拒 막을거 追 쫓을추 遇 만날우 望 바랄망 昧 어두울매 警 경계할경 祇 땅귀신기

# 隨라 惟正可守요 心不可欺니 戒之戒之하라

자허원군의 성유심문에 말하기를 복은 검소하고 사치하지 아니한 곳에서 생기고 덕은 겸손하고 사양하는데서 생기고 도는 편안하고 고요한 곳에서 생기고 명은 온화하고 맑은데서 생기고 근심은 욕심이 많은데서 생기고 화는 탐을 많이 내는데서 생기고 잘못은 게으름과 경솔히 하는 곳에서 생기고 죄악은 어질지 못한데서 생기니, 눈을 경계하여 다른 사람의 그릇된 것을 보지 말고 입을 경계하여 다른 사람의 결점을 말하지 말고 마음을 경계하여 탐내거나 성내지 말고 몸을 경계하여 나쁜 친구를 따르지 말고 이롭지 않은 말은 함부로 하지 말고 내게 관계없는 일은 함부로 하지 말고 임금을 높이고 부모에게 효도하며 웃어른을 공경하고 덕이 있는 이를 받들고 어질고 어리석은 것을 분별하고 무식한 자를 용서하고 물건이 순리로 오거든 물리치지 말며 물건이 이미 지나 갔거든 쫓지 말고 몸이 불우에 처했더라도 바라지 말며 일이 이미 지나갔거든 생각하지 말라. 총명한 사람도 어두운 때가 많을 것이요 계획을 잘 세워도 편의를 잃는 수가 있느니라. 남에게 손실을 주면 마침내 자기도 손실을 입을 것이오 권세에 의존하면 재앙이 따르느니라. 경계함은 마음에 있고 지키는 것은 기운에 있느니라. 절약하지 않음으로써 집이 망하고 청렴하지 않음으로써 지위를 잃느니라. 그대에게 평생을 두고 경계할 것을 권하나니 가히 탄식하고 가히 경계하여 신중히 생각할지니라. 위에는 하늘의 거울이 임하여 있고 아래에는 땅의 신령이 살피느니라. 밝은 곳에는 세 가지 법이 서로 이어있고 어두운 곳에는 귀신이 서로 따름에서 살피느니라. 오직 바른 것은 지킬 것이요 마음은 가히 속이지 못할 것이니 경계하고 경계하라.

- ■ 자허원군(紫虛元君) : 도가(道家 : 현실을 초월하여 자연속에 조화되는 인간이 되는 것을 이상으로 삼던 학자들을 일컫는 말)에 속하나 이름과 연대는 분명치 않다.

守 지킬수

## 6. 安 分 篇
〔만족과 분수의 한계〕

**景行錄**에 **云知足可樂**이오 **務貪則憂**니라

경행록에 이르기를 넉넉함을 알면 가히 즐거울 것이오 욕심이 많으면 곧 근심이 있느니라.

**知足者**는 **貧賤亦樂**이오 **不知足者**는 **富貴亦憂**니라

만족함을 아는 자는 가난하고 천하여도 역시 즐거울 것이오 만족함을 모르는 자는 부귀하여도 역시 근심하느니라.

**濫想**은 **徒傷神**이오 **妄動**은 **反致禍**니라

쓸데없는 생각은 다만 정신을 상하게 할 것이오 허망한 행동은 도리어 화만 일으키느니라.

**知足常足**이면 **終身不辱**하고 **知止常止**면 **終身**

樂 즐길락　務 힘쓸무　貪 탐낼탐　貧 가난할빈　亦 또역　濫 물넘칠람　徒 무리도
傷 상할상　辱 욕될욕　常 항상상

### 無恥니라

넉넉함을 알고 항상 넉넉하면 몸을 마치도록 욕되지 아니하고 그칠줄을 알아 항상 그치면 몸을 마치도록 부끄러움이 없느니라.

### 書에 曰滿招損하고 謙受益이니라

서전에 말하기를 교만하면 손해를 당하고 겸손하면 이로움을 받느니라.
- 서경(書經) : 삼경(三經) 또는 오경(五經)의 하나로 요순(堯舜) 때부터 주(朱)나라 때까지 정사에 관한 문서를 공자(孔子)가 모아서 편찬한 중국 최고의 경전. 후에 송(宋)나라의 채침(蔡沈)이 해설한 것을 서전(書傳)이라고 하며 20권 58편으로 되어 있음.

### 安分吟에 曰安分身無辱이오 知機心自閑이니 雖居人世上이나 却是出人間이니라

안분음에 말하기를 편안한 마음으로 분수를 지키면 몸에 욕됨이 없을 것이요 세상의 돌아가는 형편을 잘 알면 마음이 스스로 한가하나니 비록 인간세상에 살더라도 도리어 이 인간 세상에서 벗어나는 것이니라.
- 안분음(安分吟) : 송(宋)나라 때의 안분시(安分詩)를 말함. 지은이는 미상(未詳).

恥 부끄러울치 滿 가득할만 招 부를초 損 덜손 謙 겸손할겸 吟 읊을음 機 기틀기 閑 한가할한 却 도리어각

## 子- 曰不在其位면 不謀其政이니라

공자가 말씀하시기를 그 직위에 있지 않으면 그 정사를 꾀하지 않을 것이니라.

位 자리위 謀 꾀할모 政 정사정

# 7. 存　心　篇
〔마음가짐〕

景行錄에　云坐密室을　如通衢하고　馭寸心을　如六馬하면　可免過니라

경행록에 이르기를 비밀스런 방에 앉아 있는 것을 네거리에 있는 것처럼 하고 작은 마음을 억눌러 복종시키는 것은 여섯필의 말을 부리듯 하면 가히 허물을 면할 수 있느니라.


擊壤詩에　云富貴를　如將智力求인데　仲尼도　年少合封侯라　世人은　不解靑天意하고　空使身心半夜愁이니라

격양시에 이르기를 부귀를 장차 슬기로움과 힘으로 구할진데 중니도 젊은 나이때 제후(諸侯)를 합하여 봉하였느니라. 세상 사람들은 푸른 하늘의 뜻을 알지 못하고 헛되이 몸과 마음으로 하여금 한밤중에 근심케 하느니라.
■ 격양시(擊壤詩) : 송(宋)나라 때 소옹(邵雍)이 지은 이천격양시집(伊川擊壤詩集)에 있는 시. 20권으로 되어 있음.


范忠宣公이　戒子弟曰人雖至愚나　責人則明

坐 앉을좌　密 빽빽할밀　通 통할통　衢 거리구　馭 말부릴어　擊 칠격　壤 흙덩이양　詩 귀글시　尼 여승니　愁 근심수　范 성범　忠 충성충　宣 펼선　責 꾸짖을책

하고 雖有聰明이나 恕己則昏이니 爾曹는 但當
以責人之心으로 責己하고 恕己之心으로 恕人
則不患不到聖賢地位也이니라

범충선공이 자제를 경계하여 말하기를 자신은 비록 어리석으나 남의 허물을 꾸짖는데는 밝고 비록 총명이 있다하나 자기를 생각하는 데에는 어두우니라. 너희들은 마땅히 남을 꾸짖는 마음으로 자기를 꾸짖고 자기를 용서하는 마음으로 남을 용서한다면 성현의 경지에 이르지 못할까 근심하지 말지니라.

■ 범충선공(范忠宣公) : 북송(北宋) 철종(哲宗) 때의 재상(宰相). 이름은 순인(純仁), 자(字)는 요부(堯夫)이며 시호(諡號)는 충선(忠宣). 인종(仁宗) 때의 명신(名臣)인 범중엄(范仲淹 989~1052 송(宋)의 우국(憂國) 정치가)의 둘째 아들로 사람됨이 지극히 효성스러웠음.

子- 曰聰明思睿라도 守之以愚하고 功被天
下라도 守之以讓하고 勇力振世라도 守之以怯
하고 富有四海라도 守之以謙이니라

공자가 말씀하시기를 총명하고 생각이 뛰어날지라도 어리석은 체 해야 하고 공이 천하를 덮을만 하더라도 늘 겸양하여야 하고 용맹과 힘이 세상에 떨칠지라도 늘 조심하여야 하고 부유함이 사해같이 많더라도 늘 겸손하여야 할 것이니라.

素書에 云薄施厚望者는 不報하고 貴而忘賤

爾 너이  曹 무리조  患 근심환  聖 성인성  賢 어질현  思 생각할사  被 입을피  勇 날랠용  振 떨칠진  怯 겁낼겁  素 흴소  薄 엷을박  厚 두터울후

## 者는 不久니라

소서에 이르기를 적게 베풀고 많은 것을 바라는 자는 돌아오는 덕이 없고 몸이 귀하게 되어 천했던 때를 잊은 자는 오래 계속되지 못하느니라.
■ 소서(素書) : 진(秦)나라 말기의 황석공(黃石公)이 장량(張良)에게 전해준 병서(兵書) 이름.


## 施恩而求報하고 與人勿追悔하라

은혜를 베풀거든 다시 받을 생각을 말고 남에게 준 뒤에는 후회하지 말라.


## 孫思邈이 曰膽欲大而心欲小하고 智欲圓而行欲方이니라

손사막이 말하기를 담력은 크게 가지도록 하되 마음가짐은 섬세하여야 하고 지혜는 원만하도록 하되 행동은 방정토록 해야 하느니라.
■ 손사막(孫思邈) : 당(唐)나라 때의 명의(名醫). 천금방(千金方) 93권을 저술하였음.


## 念念要如臨戰日하고 心心常似過橋時니라

생각마다 항상 싸움터에 임하는 날과 같이 하고 마음은 언제나

---

施 베풀시  恩 은혜은  與 줄여  追 따를추  悔 뉘우칠회  邈 멀막  膽 쓸개담  圓 둥글원  要 요긴할요  臨 임할임  似 같을사  橋 다리교

다리를 건널때와 같이 조심해야 하느니라.

## 懼法朝朝樂이오 欺公日日憂니라

법을 두려워하면 언제나 즐거울 것이요 나라 일을 속이면 날마다 근심이 되느니라.

## 朱文公이 曰守口如瓶하고 防意如城하라

주문공이 말하기를 입을 지키는 것은 병과 같이 하고 뜻을 막기를 성을 지키는 것같이 하라.

■주문공(朱文公 1130~1200) : 중국 남송(南宋)의 대유학자(大儒學者). 철학자로서 가장 위대한 업적을 남겼으며 뛰어난 시인이기도 한 그는 약 40년 동안 관리 생활을 하였음. 후세 사람들이 그를 높이어 주자(朱子)라 불렀음. 이름은 희(熹), 자(字)는 원회(元晦) 또는 중회(仲晦), 호(號)는 회암(晦庵). 성리학(性理學)을 대성(大成)시켰으며 이를 두고 주자학이라고도 함. 사후(死後)에 그의 학문이 인정되어 문공(文公)의 시호(諡號)가 내려졌음.

## 心不負人이면 面無慙色이니라

마음이 남을 저버리지 않았으면 얼굴에 부끄러운 빛이 없느니라.

## 人無百歲人이나 枉作千年計니라

懼 두려워할구　朝 아침조　欺 속일기　朱 붉을주　瓶 병병　防 막을방　城 재성　負 짐질부　慙 부끄러워할참　歲 해세　枉 굽을왕　作 지을작　計 셈할계

사람은 백 살 사는 사람이 없으나 부질없는 천년의 계교를 짓느니라.

**寇萊公六悔銘**에 **云官行私曲失時悔**요 **富不儉用貧時悔**요 **藝不少學過時悔**요 **見事不學用時悔**요 **醉後狂言醒時悔**요 **安不將息病時悔**니라

구래공의 육회명에 이르기를 벼슬아치가 사사로운 일을 행하면 벼슬을 잃을 때 뉘우치게 될 것이요 돈이 많을 때에 아껴쓰지 아니하면 가난할 때 뉘우칠 것이요 재주를 믿고 젊어서 배우지 않으면 시기가 지났을 때 뉘우칠 것이요 일을 보고 배우지 아니하면 필요하게 되었을 때 뉘우칠 것이요 술취한 뒤에 함부로 말하면 술이 깨었을 때 뉘우칠 것이요 몸이 건강할 때 조심하지 않으면 병들었을 때 뉘우칠 것이니라.

■ 구래공(寇萊公) : 송(宋)나라 진종(眞宗) 때의 재상(宰相). 성은 구(寇), 이름은 준(準), 자(字)는 평중(平仲)으로 요(遼)나라가 침략했을 때 단주(檀州)에서 맹약(盟約)을 체결하여 시국수습을 한 공으로 내국공(萊國公)에 봉해졌기에 구래공으로 불리웠음.

**益智書**에 **云寧無事而家貧**이언정 **莫有事而家富**요 **寧無事而住茅屋**이언정 **不有事而住**

寇 사나울구　萊 땅이름래　藝 재주예　醉 취할취　狂 미칠광　醒 깰성　息 쉴식　茅 띠모　屋 집옥

金屋이요 寧無病而食麁飯이언정 不有病而服良藥이니라

익지서에 이르기를 차라리 아무 걱정없이 집은 가난할지언정 걱정많은 부잣집은 되지 말 것이요 차라리 아무 걱정없이 좋지 않은 집에 살지언정 걱정 있으면서 좋은 집에는 살지 말 것이요 차라리 병이 없이 거칠은 밥을 먹을지언정 병이 있어 좋은 약은 먹지 말 것이니라.

心安茅屋穩이오 性定菜羹香이니라

마음이 편안하면 오두막집이라도 편안할 것이요 성품이 고요하면 나물국도 향기로우니라.

景行錄에 云責人者는 不全交요 自恕者는 不改過니라

경행록에 이르기를 사람을 꾸짖는 자는 사람을 잘 사귀지 못할 것이요 자기를 용서하는 자는 허물을 고치지 못하느니라.

夙興夜寐하여 所思忠孝者는 人不知나 天必知之요 飽食煖衣하여 怡然自衛者는 身雖安

이나 **其如子孫**에 **何**오

아침에 일찍 일어나 밤에 잠자리에 들 때까지 늘 충성과 효도를 생각하는 자는 사람은 알지 못하나 하늘이 반드시 이를 알 것이요 배불리 먹고 따사로이 입고서 안락하게 제 몸만 보호하는 자는 몸은 비록 편안할 것이나 그 자손에게는 어찌할 것이요.

**以愛妻子之心**으로 **事親則曲盡其孝**요 **以保富貴之心**으로 **奉君則無往不忠**이오 **以責人之心**으로 **責己則寡過**요 **以恕己之心**으로 **恕人則全交**니라

아내와 자식을 사랑하는 마음으로 어버이를 섬긴다면 곧 그 효도는 극진한 것이요 부귀를 보존하려는 마음으로 임금을 받든다면 그 어디서나 충신 아닌 사람이 없을 것이요 남을 꾸짖는 마음으로 자기를 꾸짖는다면 허물이 적을 것이요 자기를 용서하는 마음으로 남을 용서한다면 사귐을 온전히 할 수 있을 것이니라.

**爾謀不臧**이면 **悔之何及**이며 **爾見不長**이면 **教之何益**이리요 **利心專則背道**요 **私意確則滅公**이니라

너의 꾀가 옳지 못하면 깨우친들 어찌 미칠 것이며 너의 소견이 좋지 못하면 가르친들 무엇이 이로울 바 있으리요 자기 이

익만 생각하면 도에 어그러지고 사사로운 뜻이 굳으면 공을 멸하게 되느니라.

## 生事事生이오 省事事省이니라

일은 만들면 일이 생기고 일은 덜면 일이 없어지느니라.

生 날생　省 덜생

## 8. 戒 性 篇
〔사람의 성품〕

景行錄에 云人性이 如水하야 水一傾則不可復이오 性一縱則不可反이니 制水者는 必以堤防하고 制性者는 必以禮法이니라

경행록에 이르기를 사람의 성품은 물과 같아서 물은 한번 기울어지면 가히 돌이켜질 수 없을 것이요 성품은 한번 비뚤어지면 잡을 수 없을 것이니 물을 잡으려며는 반드시 둑을 쌓으므로써 되고 성품을 옳게 하려며는 반드시 예법을 지킴으로써 되느니라.


忍一時之忿이면 免百日之憂이니라

한 때의 분한 것을 참으면 백 날의 근심을 면할 수 있느니라.


得忍且忍이오 得戒且戒하라 不忍不戒면 小事成大니라

참을 수 있으면 참고 또 참을 것이오 경계할 수 있으면 또 경계하라. 참지 못하고 경계하지 않으면 조그마한 일도 크게 되느니라.

傾 기울어질경 縱 놓을종 制 절제할제 堤 방축제 禮 예도례 忍 참을인 忿 분할분 免 면할면 得 얻을득 且 또차

愚濁生嗔怒는 皆因理不通이라 休添心上火하고 只作耳邊風하라 長短은 家家有요 炎凉은 處處同이라 是非無相實하여 究竟摠成空이니라

어리석고 똑똑하지 못한이가 성을 내는 것은 다 이치를 알지 못하기 때문이니라. 마음 위에 화를 더하지 말고 다만 귓전을 스치는 바람결로 여겨라. 장점과 단점은 집집마다 있을 것이요 따뜻하고 싸늘함은 곳곳이 같으니라. 옳고 그름이란 실제 모양이나 내용이 없어서 마침내 모두가 다 빈 것이 되느니라.

子張이 欲行에 辭於夫子할새 願賜一言이 爲修身之美하노이다 子－曰百行之本이 忍之爲上이니라 子張이 曰何爲忍之닛고 子－曰天子－忍之면 國無害하고 諸侯－忍之면 成其大하고 官吏－忍之면 進其位하고 兄弟－忍之면 家富貴하고 夫妻－忍之면 終其世하고 朋友－忍之면 名不廢하고 自身이 忍之면 無禍害니라

자장이 떠날적에 공자께 하직을 고할새 한 말씀하시기를 몸을 닦는 가장 아름다운 길을 말씀해 주시기를 원하나이다. 공자가

말씀하시기를 모든 행실의 근본이 참는 것이 그 으뜸이 되느니라. 자장이 말씀하시기를 어찌하면 참는 것이 되나이까? 공자가 말씀하시기를 한 나라 임금이 참으면 나라에 해가 없고 제후가 참으면 큰 나라를 이룩하고 벼슬아치가 참으면 그 지위가 올라가고 형제가 참으면 집안이 부귀하고 부부가 참으면 일생을 해로하고 친구끼리 참으면 이름이 깎이지 않고 자신이 참으면 재앙이 없느니라.

■ 자장(子張) : 성은 전손(顓孫), 이름은 사(師), 자장은 그의 자(字). 공자의 제자로 언변이 뛰어났음.

子張이 曰不忍則如何닛고 子－曰天子－不忍이면 國空虛하고 諸侯－不忍이면 喪其軀하고 官吏－不忍이면 刑法誅하고 兄弟－不忍이면 各分居하고 夫妻－不忍이면 令子孤하고 朋友－不忍이면 情意疎하고 自身이 不忍이면 患不除니라 子張이 曰善哉善哉라 難忍難忍이여 非人不忍이요 不忍非人이로다

자장이 말씀하시기를 참지 않으면 어떻게 됩니까? 공자가 말씀하시기를 천자가 참지 않으면 나라가 공허하게 되고 제후가 참지 않으면 그 몸을 잃어 버리게 되고 벼슬아치가 참지 않으면 형법에 의해 죽음을 당하게 되고 형제가 참지 않으면 각각 따로 살게 되고 부부가 참지 않으면 자식은 외롭게 될 것이고 친구끼리 참지 않으면 정과 뜻이 서로 갈리고 자신이 참지 않으

軀 몸구　誅 벨주　孤 외로울고　疎 성길소　除 제할제　難 어려울난　非 아닐비

면 근심이 덜어지지 않느니라. 자장이 말씀하시기를 훌륭하고도 훌륭하신 말씀이로다. 아아, 참는 것은 참으로 어렵도다. 사람이 아니면 참지 못할 것이요 참지 못할것 같으면 사람이 아니로다.

**景行錄**에 云屈己者는 能處重하고 好勝者는 必遇敵이니라

경행록에 이르기를 자기를 굽히는 자는 중요한 일을 잘 처리하고 이기기를 좋아하는 사람은 반드시 적을 만나느니라.

**惡人**이 罵善人커든 善人은 摠不對하라 不對는 心淸閑이요 罵者는 口熱沸니라 正如人唾天하여 還從己身墜니라

악한 사람이 착한 사람을 꾸짖거든 착한 사람은 전연 대하지 마라. 대하지 않는 이는 마음이 맑고 한가할 것이요 욕하는 자는 입에 불이 붙는것 처럼 뜨겁게 끓느니라. 마치 사람이 하늘에다 대고 침을 뱉는것 같아서 도로 자기의 몸에 떨어지느니라.

**我若被人罵**라도 佯聾不分說하라 譬如火燒空하여 不救自然滅이라 我心은 等虛空이어늘 摠

### 爾飜脣舌이니라

내가 만일 남에게 욕을 먹을지라도 거짓 귀머거리 같이 말을 나누지 말것이니라. 비유하건대 불이 아무 것도 없는 것을 태우는 것과 같아서 그것을 끄려고 하지 않아도 저절로 꺼지느니라. 나의 마음은 아무것도 없는 것과 같거늘 너의 입술과 혀만이 쉬지 않고 나불대느니라.

### 凡事에 留人情이면 後來에 好相見이니라

모든 일에 인정을 남겨 두면 뒷날 만났을 때는 좋은 낯으로 서로 보게 되느니라.

飜 번득일번  脣 입술순  舌 혀설  凡 무릇범  留 머무를유  情 뜻정  好 좋을호

## 9. 勤 學 篇
〔부지런히 배워 학문에 힘씀〕

子 - 曰博學而篤志하고 切問而近思면 仁在 其中矣니라

공자가 말씀하시기를 널리 배워서 뜻을 두텁게 하고 묻기를 간절하게 하고 생각을 가까이하면 어짐이 그 속에 있느니라.

莊子 - 曰人之不學은 如登天而無術하고 學而智遠이면 如披祥雲而覩青天하고 登高山而望四海니라

장자가 말하기를 사람이 배우지 않음은 재주없이 하늘에 오르려는 것과 같고 배우되 아는 것이 멀면 상서로운 구름을 헤치고 푸른 하늘을 보는 것과 같고 높은 산에 올라 가서 사방의 바다를 바라보는 것과 같으니라.

禮記에 曰玉不琢이면 不成器하고 人不學이면 不知義니라

博 넓을박 篤 두터울독 志 뜻지 切 간절할절 術 재주술 披 헤칠피 祥 상서상
覩 볼도 禮 예도례 琢 다듬을탁 器 그릇기 義 옳을의

예기에 말하기를 옥은 다듬지 않으면 그릇이 되지 못하고 사람은 배우지 않으면 의(義)를 알지 못하느니라.
■ 예기(禮記) : 유교의 경전인 오경(五經) 즉, 시경·서경·주경·예기·춘추 중의 하나로 대성(戴聖)이 주(周)나라 말기부터 진한(秦漢) 시대의 유자(儒者)의 고례(古禮)를 수록한 책. 여기에는 대대례(大戴禮)와 소대례(小戴禮)가 있는데 대대례는 한무제(漢武帝) 때 하간(河間)의 헌황(獻王)이 고서 131편을 엮은 것이고 소대례는 대덕(戴德)과 그의 조카인 대성이 엮었음. 이 예기는 소대례를 말하며 주례(周禮) 및 의례(儀禮)와 함께 삼례(三禮)라고 함.

## 太公이 曰人生不學이면 如冥冥夜行이니라

태공이 말씀하시기를 사람이 배우지 아니하면 어둡고 어두운 밤길을 다니는 것과 같으니라.

## 韓文公이 曰人不通古今이면 馬牛而襟裾니라

한문공이 말씀하시기를 옛날과 지금의 성인의 가르침을 알지 못하면 말이나 소에 옷을 입힌 것과 같으니라.
■ 한문공(韓文公 768~824) : 중국 당(唐)나라의 유명한 대문장가(大文章家). 이름은 유(愈), 자(字)는 퇴지(退之), 호(號)는 창려(昌黎). 문공은 그의 시호(諡號)임. 당송팔대가(唐宋八大家)의 제일인자로 대표작으로는 한문공집(韓文公集)이 있다.

## 朱文公이 曰家若貧이라도 不可因貧而廢學이

太 클태  夜 밤야  韓 나라이름한  古 옛고  今 이제금  襟 옷섶금  裾 옷뒷자락거

요 家若富라도 不可恃富而怠學이니 貧若勤學이면 可以立身이요 富若勤學이면 名乃光榮이니라 惟見學者顯達이요 不見學者無成이니라 學者는 乃身之寶요 學者는 乃世之珍이니라 是故로 學則乃爲君子요 不學則爲小人이니 後之學者는 宜各勉之니라

주문공이 말씀하시기를 집이 만약 가난하더라도 가난 때문에 배움을 버리지 말 것이요 집이 만약 부유하더라도 부유한 것을 믿고 학문을 게을리하지 말 것이니 가난한 사람이 만약 부지런히 배운다면 가히 입신할 수 있을 것이요 부유한 사람이 만약 부지런히 배운다면 이름이 더욱 빛날 것이니라. 오로지 배운 사람이 훌륭해지는 것을 볼 것이요 배우지 않은 사람은 성취하지 못하는 것을 볼 것이니라. 배우는 사람은 이것이 몸의 보배요 배운 사람은 이것이 세상의 보배이니라. 이런고로 배운 사람은 군자가 되는 것이요 배우지 아니하면 천한 소인이 될 것이니 뒷날 배우는 사람은 마땅히 각각 힘써야 하느니라.

徽宗皇帝-曰學子는 如禾如稻하고 不學者는 如蒿如草로다 如禾如稻兮여 國之精糧이요 世之大寶로다 如蒿如草兮여 耕者憎嫌하고 鋤者煩惱이니라 他日面墻에 悔之已老로다

榮 영화영 顯 나타날현 達 통달할달 寶 보배보 珍 보배진 勉 힘쓸면 徽 아름다울휘 禾 곡식화 稻 벼도 蒿 다북쑥호 嫌 싫어할혐 鋤 김맬서 煩 번거로울번 惱 번뇌할뇌

휘종황제가 말하기를 배운 사람은 곡식이나 벼와 같고 배우지 않은 사람은 쑥이나 풀 같도다. 곡식과 벼 같음이여 나라의 좋은 양식이요 세상에서 큰 보배로다. 그러나 쑥 같고 풀 같음이여 밭을 가는 자가 보기 싫어 미워하고 밭을 매는 이가 수고롭고 더욱 힘이 드느니라. 뒷 날에 서로 학문과 견문의 좁음을 알 때에 뉘우친들 이미 그때는 늙었도다.

■ 휘종황제(徽宗皇帝 1082~1135) : 북송(北宋)의 제8대 임금 (1100~1125). 이름은 길(佶). 서화에 조예가 깊었으며 고금(古今)의 서화를 모아 선화서화보(宣化書畵譜)를 만든 임금.


### 論語에 曰學如不及이요 惟恐失之니라

논어에 말하기를 배우기를 다하지 못한 것같이 할 것이요 배운 것을 잃을까 두려워 할지니라.

■ 논어(論語) : 유교 경전(經典)인 사서(四書)의 하나. 공자(孔子)가 죽은 뒤에 그의 제자들이 사제(師弟)간의 문답과 그의 언행(言行) 및 제자들 상호간(相互間)의 담화(談話) 등을 모은 공자 연구의 유일한 자료로서 7권 20편으로 되어 있음.

論 논의할론  惟 오직유  恐 두려울공

## 10. 訓 子 篇
〔가르치는 길〕

景行錄에 云賓客不來門戶俗하고 詩書無敎子孫愚니라

경행록에 이르기를 손님이 오지 않으면 집안이 저속해지고 시서를 가르치지 않으면 자손이 어리석어 지느니라.

莊子－曰事雖小나 不作이면 不成이오 子雖賢이나 不敎면 不明이니라

장자가 말씀하시기를 일이 비록 작더라도 하지 않으면 이루지 못할 것이오 자식이 비록 어질지라도 가르치지 않으면 현명하지 못하느니라.

漢書에 云黃金滿籯이 不如敎子一經이요 賜子千金이 不如敎子一藝니라

한서에 이르기를 황금이 상자에 가득 차 있을지라도 자식에게 한 권의 경서를 가르치는 것만 같지 못할 것이요 자식에게 천금을 주는 것이 한 가지 기술을 가르치는 것만 같지 못하느니라.

賓 손빈 客 손객 俗 버릇속 愚 어리석을우 莊 씩씩할장 作 이룰작 雖 비록수 賢 어질현 漢 한나라한 黃 누를황 金 쇠금 籯 젓가락통영·농영 經 경서경 賜 줄사

■한서(漢書) : 전한(前漢)의 고조(高祖)에서 왕망(王莽)까지 229년 동안의 역사를 기록한 책으로 전한서(前漢書)라고도 함. 반표(班彪)가 시작한 것을 후한(後漢)의 역사가이자 문장가인 반고(班固)가 20여 년이나 걸려 이루었는데 그의 누이동생 반소(班昭)가 재정리하여 완성시켰음. 120권임. 중국 역사학의 아버지라고 일컬어지는 사마천(司馬遷)의 사기(史記) 130권과 함께 정사(正史)의 모범이 됨.

## 至樂은 莫如讀書요 至要는 莫如敎子이니라

지극히 즐거움은 책을 읽는 것만 같음이 없을 것이요 지극히 필요한 것은 자식을 가르치는 것만 같음이 없느니라.

## 呂榮公이 曰內無賢父兄하고 外無嚴師友而能有成者가 鮮矣니라

여영공이 말하기를 집안에 지혜로운 어버이와 형이 없고 밖으로 엄한 스승과 벗이 없으면 능히 뜻을 이룰 수 있는 자가 드무니라.

■여영공(呂榮公) : 이름은 희철(希哲), 자(字)는 원명(原明). 영공은 그의 시호(諡號)이며 북송(北宋) 때의 학자임.

## 太公이 曰男子失敎면 長必頑愚하고 女子失敎면 長必麤疎니라

至 이를지 樂 즐길락 莫 없을막 讀 읽을독 呂 성려 嚴 엄할엄 師 스승사 能 능할능 鮮 드물선 失 잃을실 頑 완악할완 長 길장 麤 거칠추 疎 성길소

태공이 말하기를 남자를 가르치지 않으면 자라서 반드시 미련하고 어리석어지고 여자를 가르치지 않으면 자라서 반드시 거칠고 솜씨가 없느니라.

## 男年長大어든 莫習樂酒하고 女年長大어든 莫令遊走니라

남자가 나이 들어 커지거든 풍류와 술을 익히지 말게 하고 여자가 나이 들어 커지거든 놀러다니지 말게 할지니라.

## 嚴父는 出孝子하고 嚴母는 出孝女니라

엄한 아버지는 효자를 길러내고 엄한 어머니는 효녀를 길러 내느니라.

## 憐兒어든 多與棒하고 憎兒어든 多與食하라

아이를 귀여워 하거든 매를 많이 주고 아이를 미워하거든 밥을 많이 주라.

## 人皆愛珠玉이나 我愛子孫賢이니라

남들은 모두 귀중한 주옥을 사랑하지만 나는 자손의 어진 것을 사랑하느니라.

---

習 익힐습　令 명령할령　遊 놀유　走 달아날주　出 날출　母 어머니모　憐 사랑할련　兒 아이아　棒 몽둥이봉　憎 미워할증　皆 다개　珠 구슬주　賢 어질현

## 11. 省 心 篇 (上)
〔마음을 살펴 반성하는 길〕

景行錄에 云寶貨는 用之有盡이요 忠孝는 享之無窮이니라

경행록에 이르기를 보화는 쓰면 다함이 있을 것이요 충성과 효도는 누려도 다함이 없느니라.

家和貧也好어니와 不義富如何오 但存一子孝면 何用子孫多리오

집안이 화목하면 가난해도 좋거니와 의롭지 않다면 부자인들 무엇하리오. 다만 한 자식이라도 효자가 있다면 자손이 많아서 무엇에 쓰리요.

父不憂心因子孝요 夫無煩惱是妻賢이라 言多語失皆因酒요 義斷親疎只爲錢이라

아버지가 근심하지 않음은 자식이 효도하기 때문이요 남편의 번뇌가 없는 것은 아내가 어질기 때문이라. 말이 많아 말을 실

貨 재물화  盡 다할진  享 누릴향  窮 다할궁  和 화할화  貧 가난할빈  何 어찌하
但 다만단  因 인할인  惱 번뇌할뇌  斷 끊을단  只 다만지  錢 돈전

수함은 술 때문이요 의가 끊어지고 친한 사이가 멀어지는 것은 오직 돈 때문이니라.

## 旣取非常樂이어든 須防不測憂니라

이미 심상치 못한 즐거움을 가졌거든 모름지기 헤아리지 못할 근심이 올 것을 방비할 것이니라.

## 得寵思辱하고 居安慮危니라

사랑을 받거든 욕됨을 생각하고 편안한 곳에 살거든 위태한 것을 생각할 것이니라.

## 榮輕辱淺이요 利重害深이니라

영화가 가벼우면 욕됨이 얕고 이익이 크면 해도 깊으니라.

## 甚愛必甚費요 甚譽必甚毁요 甚喜必甚憂요 甚贓必甚亡이니라

사랑이 지나치면 반드시 소비가 심할 것이요 명예가 지나치면 반드시 심하게 헐뜯는 이가 있을 것이요 기쁨이 지나치면 반드시 심한 근심이 올 것이요 뇌물이 지나치면 반드시 망할 것이니라.

取 가질취　常 항상상　須 모름지기수　防 막을방　測 헤아릴측　寵 사랑할총　辱 욕될욕　慮 생각할려　危 위태할위　輕 가벼울경　淺 얕을천　重 무거울중　深 깊을심　甚 심할심　費 허비할비　毁 헐훼　贓 장물잡힐장

子─ 曰不觀高崖면 何以知顚墜之患이며 不臨深泉이면 何以知沒溺之患이며 不觀巨海면 何以知風波之患이리오

공자가 말씀하시기를 높은 낭떠러지를 보지 않으면 어찌 굴러 떨어지는 환난을 알 것이며 깊은 못에 가지 아니하면 어찌 빠져 죽을 환난을 알 것이며 큰 바다를 보지 않으면 어찌 파도의 무서운 환난을 알 것이요.


欲知未來인데 先察已然이니라

미래를 알고자 할진데 먼저 지나간 일을 살필지니라.


子─ 曰明鏡은 所以察形이오 往者는 所以知今이니라

공자가 말씀하시기를 밝은 거울은 얼굴을 살필 수 있는 것이오 지나간 일은 현재의 것을 알 수 있느니라.


過去事는 如明鏡이요 未來事는 暗似漆이니라

지나간 일은 밝은 거울과 같은 것이요 미래의 일은 어둡기가 칠흙과 같으니라.

崖 낭떠러지애 顚 엎어질전 泉 샘천 沒 빠질몰 溺 빠질익 欲 하고자할욕 未 아닐미 已 이미이 然 그럴연 鏡 거울경 察 살필찰 形 형상형 今 이제금 去 갈거 鏡 거울경 暗 어두울암 漆 옻칠할칠

景行錄에 云明朝之事를 薄暮에 不可必이요 薄暮之事를 哺時에 不可必이니라

경행록에 이르기를 내일 아침의 일을 오늘 저녁 때에 가히 꼭 그러리라고 알지 못할 것이요 저녁 때의 일을 포시에 가히 꼭 그러리라고 알지 못할 것이니라.

天有不測風雨하고 人有朝夕禍福이니라

하늘에는 예측할 수 없는 비바람이 있고 사람은 아침 저녁으로 화와 복이 있느니라.

未歸三尺土하얀 難保百年身이요 已歸三尺土하얀 難保百年墳이니라

석자 흙속으로 돌아가지 않고서는 백년의 몸을 보전하기 어려울 것이요 이미 석자 흙속으로 돌아가서는 백년동안 무덤을 보전키 어려울 것이니라.

景行錄에 云木有所養則根本固而枝葉茂하야 棟樑之材成하고 水有所養則泉源壯而流派長하야 灌漑之利博하고 人有所養則志氣大

朝 아침조 薄 엷을박 暮 저물모 可 옳을가 哺 신시포 測 헤아릴측 福 복복 歸 돌아갈귀 尺 자척 難 어려울난 墳 무덤분 固 굳을고 枝 가지지 茂 성할무 棟 들보동 樑 들보량 派 물갈래파 灌 물댈관 漑 물댈개

**而識見明**하야 **忠義之士出**이니 **可不養哉**아

경행록에 이르기를 나무를 잘 길러내면 뿌리가 튼튼하고 가지와 잎이 무성해서 기둥과 대들보의 재목을 이루고 수원을 잘 만들어 놓으면 물 줄기가 풍부하고 흐름이 길어서 논물을 대는데 이익이 베풀어지고 사람을 기르면 뜻과 기상이 뛰어나고 식견이 밝아져서 충의와 선비가 생기니 어찌 기르지 아니할 것이냐.


**自信者**는 **人亦信之**하나니 **吳越**이 **皆兄弟**요
**自疑者**는 **人亦疑之**하나니 **身外**는 **皆敵國**이니라

스스로 믿는 자는 남도 또한 자기를 믿나니 오나라와 월나라와 같은 적국 사이도 다 형제와 같이 될 수 있고 스스로 의심하는 자는 남도 또한 자기를 믿어주지 않으니 자기 이외에는 모두 원수와 같은 나라가 되느니라.

■ 오월(吳越) : 전국(戰國) 시대의 오나라와 월나라를 말하는 것으로 오왕부차(吳王夫差)와 월왕구천(越王句踐)이 서로 싸워 적대관계가 되었음.


**疑人莫用**하고 **用人勿疑**니라

사람을 의심하거든 쓰지 말 것이고 사람을 쓰거든 의심치 말아라.


**諷諫**에 **云水底魚天邊雁**은 **高可射兮低可釣**

哉 비로소재　吳 나라이름오　越 나라이름월　疑 의심할의　敵 원수적　疑 의심할의
莫 말막　勿 말물　諷 풍자할풍　底 밑저　雁 기러기안　射 쏠사　兮 어조사혜　釣 낚을조

어니와 **惟有人心咫尺間**에 **咫尺人心不可料**니라

풍간에 이르기를 물속 깊이 사는 고기와 하늘 높이 떠다니는 기러기는 높이 있는 것은 활로 쏘고 낮게 있는 것은 낚을 수 있거니와 오직 사람의 마음은 가까운 곳에 있어도 이 지척간에 있는 사람의 마음은 헤아릴 수 없느니라.
■ 풍간(諷諫) : 책 이름.


**畵虎畵皮難畵骨**이요 **知人知面不知心**이니라

범을 그리되 가죽은 그릴 수 있으나 뼈는 그리기 어려울 것이요 사람을 알되 얼굴은 알지만 마음은 알 수 없느니라.


**對面共話**하되 **心隔千山**이니라

얼굴을 맞대고 이야기는 하되 마음은 천산(千山)을 멀리 두고 있는 것처럼 멀어져 있느니라.


**海枯終見底**나 **人死不知心**이니라

바다는 마르면 마침내 그 바닥을 볼 수 있으나 사람은 죽어도 그 마음속은 알지 못하느니라.


**太公**이 **曰凡人**은 **不可逆相**이요 **海水**는 **不可斗量**이니라

咫 적을지 料 헤아릴료 畵 그림화 虎 범호 皮 가죽피 骨 뼈골 對 대할대 共 한가지공 話 말씀화 隔 멀격 枯 마를고 底 밑저 逆 맞을역 相 상볼상 量 헤아릴량

태공이 말씀하시기를 무릇 사람은 앞날을 점칠 수 없을 것이요 바닷물은 가히 말로 될 수가 없느니라.

**景行錄**에 云結怨於人은 謂之種禍요 捨善不爲는 謂之自賊이라

경행록에 이르기를 남과 원수를 맺는 것은 재앙의 씨를 뿌리는 것이라 할 것이요 착한 것을 버리고 선을 행하지 아니하는 것은 자기를 해치는 도둑이 되느니라.

若聽一面說이면 便見相離別이니라

만약 한 쪽의 말만 들으면 오로지 친한 사이가 멀어짐을 볼 것이니라.

飽煖에 思淫慾하고 飢寒엔 發道心이니라

배부르고 따스한 곳에서 살면 음욕을 생각하고 굶주리고 추운 곳에서 살면 도심이 일어나느니라.

疏廣이 曰賢人多財則損其志하고 愚人多財則益其過니라

怨 원수원 謂 이를위 種 뿌릴종 捨 버릴사 若 같을약 聽 들을청 說 말씀설 便 오로지편 離 떠날리 飽 배부를포 淫 음란할음 飢 주릴기 寒 찰한 發 필발 疏 성길소 賢 어질현 損 덜손 愚 어리석을우 益 더할익

소광이 말씀하시기를 어진 사람이 재물이 많으면 그 뜻을 손상하고 어리석은 사람이 재물이 많으면 그 허물을 더하느니라.
- 소광(疏廣) : 전한(前漢) 선제(宣帝) 때의 사람으로 자(字)는 중옹(仲翁).

### 人貧智短하고 福至心靈이니라

사람이 가난하면 지혜가 짧아지고 복에 이르면 마음이 영통하여 지느니라.

### 不經一事면 不長一智니라

한 가지 일을 겪지 않으면 한 가지의 지혜가 자라지 아니하느니라.

### 是非終日有라도 不聽自然無니라

시비가 종일토록 있을지라도 듣지 않으면 저절로 없어지느니라.

### 來說是非者는 便是是非人이니라

찾아 와서 시비를 말하는 자는 바로 이것이 시비하는 사람이니라.

貧 가난할빈 短 짧을단 至 이를지 靈 신령령 經 지날경 長 길장 是 이시 非 아닐비 聽 들을청 然 그러할연 說 말씀설 便 문득변

擊壤詩에 云平生에 不作皺眉事하면 世上에
應無切齒人이니 大名을 豈有鐫頑石가 路上
行人이 口勝碑니라

격양시에 이르기를 평생에 눈썹 찡그릴 일을 하지 않는다면 세상에 이를 갈 원수 같은 사람이 없을 것이니 크게 난 이름을 어찌하여 뜻 없는 돌에 새길 것인가. 길을 지나는 사람이 입으로 하는 말이 비석보다 나으리라.


有麝自然香이니 何必當風立고

사향을 지녔으면 저절로 향기로우니 어찌 반드시 바람이 불어야만 향기가 나겠는가.


有福莫享盡하라 福盡身貧窮이요 有勢莫使盡
하라 勢盡冤相逢이니라 福兮常自惜하고 勢兮
常自恭하라 人生驕與侈는 有始多無終이니라

복이 있다해도 다 누리지 말라. 복이 다하면 몸이 빈궁해 질 것이요. 권세가 있다해도 함부로 부리지 말라. 권세가 다하면 원수와 서로 만나느니라. 복이 있거든 항상 스스로 아끼고 권세가 있거든 항상 스스로 겸손하라. 인생에 있어서 교만과 사치는 처음 있으나 대다수가 나중에는 없는 것이니라.

皺 쭈그러질추 眉 눈썹미 齒 이치 鐫 새길전 頑 완고할완 麝 사향노루사 香 향기향 當 마땅할당 享 누릴향 窮 궁할궁 冤 원통할원 惜 아낄석 驕 교만할교

王參政四留銘에 曰留有餘不盡之巧하야 以還造物하고 留有餘不盡之祿하야 以還朝廷하고 留有餘不盡之財하야 以還百姓하고 留有餘不盡之福하야 以還子孫이니라

왕참정의 사유명에 말하기를 여유를 두어 재주를 다 쓰지 않았다가 조물주에 돌려주고 여유를 두어 봉록을 다 쓰지 않았다가 조정에게 돌려주고 여유를 두어 재물을 다 쓰지 않았다가 백성에게 돌려 주어야 하고 여유를 두어 복을 다 누리지 않았다가 자손에게 돌려 줄지니라.

■ 왕참정(王參政) : 북송(北宋) 진종(眞宗) 때의 정치가. 이름은 단(旦).


黃金千兩이 未爲貴요 得人一語가 勝千金이니라

황금 천량이 귀한 것이 아닐 것이요 사람의 좋은 말 한마디 듣는 것이 천금보다 나은 것이니라.


巧者는 拙之奴요 苦者는 樂之母니라

재주있는 사람은 재주없는 사람의 종이요 괴로움은 즐거움의 근본이니라.

參 참여할참  巧 재주교  造 지을조  祿 녹록  廷 조정정  兩 두량  勝 나을승  拙 못날졸  奴 종노  苦 괴로울고

小船은 難堪重載요 深逕은 不宜獨行이니라

작은 배는 무겁게 싣는 것을 견디기 어렵고 으슥한 길은 혼자서 다니기에 좋지 못하느니라.

黃金이 未是貴요 安樂이 値錢多니라

황금이 귀한 것이 아니요 편안하고 즐거움이 보다 값진 것이니라.

在家에 不會邀賓客이면 出外에 方知少主人이니라

집에 있어서 손님을 맞아 대접할 줄 모르면 밖에 나가서 다른 집의 손님으로 가보아야 비로소 주인 적은 줄을 알 것이니라.

貧居鬧市無相識이요 富住深山有遠親이니라

가난하게 살면 번화한 시장 거리에 살아도 아는 이가 없을 것이요 넉넉하게 살면 깊은 산골에 살아도 찾아오는 먼 일가가 있느니라.

人義는 盡從貧處斷이요 世情은 便向有錢家니라

船 배선  堪 견딜감  逕 길경  宜 마땅의  獨 홀로독  樂 즐길락  値 값치  錢 돈전
會 모을회  邀 맞을요  賓 손빈  客 손객  鬧 시끄러울뇨  市 저자시  識 알식  住 살주
從 부터종  世 세상세  便 오로지편  向 향할향

사람의 의리는 다 가난한데서 끊어질 것이요 세속의 인정은 오로지 돈 있는 집으로 쏠리게 되느니라.


### 寧塞無底缸이언정 難塞鼻下橫이니라

차라리 밑 빠진 항아리는 막을지언정 코 아래 가로 놓인 입은 막기 어려우니라.


### 人情은 皆爲窘中疎니라

사람의 인정은 다 군색한 가운데서 성기게 되느니라.


### 史記에 日郊天禮廟는 非酒不享이요 君臣朋友는 非酒不義요 鬪爭相和는 非酒不勸이라 故로 酒有成敗而不可泛飮之니라

사기에 말하기를 하늘에 제사를 지내고 사당에 제례할 때에는 술이 아니면 제물을 받지 않을 것이요 임금과 신하, 벗과 벗 사이에는 술이 아니면 의리가 두터워지지 않을 것이요 싸움을 하고 서로 화해함에는 술이 아니면 권하지 못할 것이니라. 그러므로 술은 성공과 실패를 얻는 것으로 가히 함부로 마시지 못하느니라.
■ 사기(史記) : 중국 전한(前漢) 시대의 역사가 사마천(司馬遷)이 황제 때부터 한무제(漢武帝) 때까지 약 3천년의 역대

왕조의 역사적 자취를 기록한 책. 모두 130권.

子ㅣ 曰士志於道而恥惡衣惡食者는 未足與議也니라

공자가 말씀하시기를 선비가 도(道)에 뜻을 두면서 악의악식(惡衣惡食)을 부끄러워 하는 자는 족히 더불어 의논할 사람이 못되느니라.

筍子ㅣ 曰士有妬友則賢交不親하고 君有妬臣則賢人不至니라

순자가 말하기를 선비가 벗을 투기하는 일이 있으면 어진 벗과 친할 수 없고 임금이 신하를 투기하는 일이 있으면 어진 사람이 오지 않느니라.

天不生無祿之人하고 地不長無名之草이니라

하늘은 녹없는 사람을 내지 않고 땅은 이름없는 풀을 기르지 않느니라.

大富는 由天하고 小富는 由勤이니라

於 늘어  而 말이을이  恥 부끄러울치  議 의논할의  筍 대싹순  妬 투기할투  至 이를지  祿 녹록  草 풀초  由 말미암을유  勤 부지런할근

큰 부자는 하늘에 달려 있고 작은 부자는 부지런한데 달려 있느니라.

成家之兒는 惜糞如金하고 敗家之兒는 用金如糞이니라

집을 이룰 아이는 똥도 아끼기를 금과 같이 하고 집을 망칠 아이는 돈 쓰기를 똥과 같이 하느니라.

康節邵先生이 曰閑居에 愼勿說無妨하라 纔說無妨便有妨이니라 爽口勿多能作疾이요 快心事過必有殃이라 與其病後能服藥으론 不若病前能自防이니라

강절소 선생이 말하기를 한가로이 살 때에 삼가 걱정할 것이 없다고 말하지 말라. 겨우 걱정할 것이 없다는 말을 하자마자 걱정거리가 생기느니라. 입에 상쾌한 음식이라고 많이 먹으면 병을 만들 것이요 마음에 상쾌한 일이라 하여 지나치게 하면 반드시 재앙이 있으리라. 병이 생긴 뒤에 약을 먹는 것은 병이 나기 전에 스스로 조심하는 것만 같지 못하느니라.

梓潼帝君垂訓에 曰妙藥도 難醫冤債病이요 橫

惜 아낄석  糞 똥분  敗 패할패  康 편안할강  節 마디절  纔 겨우재  爽 시원할상
殃 재앙앙  梓 가래나무자  潼 물이름동  妙 묘할묘  醫 병고칠의  冤 원통할원  債 빚채

財도 不富命窮人이라 生事事生을 君莫怨하고 害人人害를 汝休嗔하라 天地自然皆有報하니 遠在兒孫近在身이니라

자동제군이 훈계를 내려 말하기를 신묘한 약이라도 원한의 병은 고치기 어려울 것이요 뜻밖에 생긴 재물도 운수가 궁한 사람에겐 부자되게 하지 못하느니라. 일이 생겨나게 하고나서 일이 생긴 것을 그대는 원망하지 말고 남을 해치고 나서 남이 해치는 것을 너는 꾸짖지 말라. 천지간의 모든 일은 다 갚음이 있나니 멀면 자손에게 있고 가까우면 자기 몸에 있느니라.

■ 자동제군(梓潼帝君) : 노자(老子)·장자(莊子)가 대표적인 학자인 도가(道家)에 속하는 사람.


花落花開開又落하고 錦衣布衣更換着이라 豪家未必常富貴요 貧家未必長寂寞이라 扶人未必上靑霄요 推人未必塡邱壑이라 勸君凡事를 莫怨天하라 天意於人에 無厚薄이니라

꽃은 지었다 피고 피었다가 또 지고 비단옷도 베옷으로 다시 바꿔 입느니라. 넉넉하고 호화로운 집이라고 반드시 언제나 부귀한 것이 아니요 가난한 집도 반드시 오래도록 적적하고 쓸쓸하지 않으리라. 사람이 밀어 올려도 반드시 푸른 하늘에 올라가지 못할 것이요 사람을 밀쳐도 반드시 언덕이나 구렁에 떨어지지는 않느니라. 그대에게 권고하노니 모든 일을 하늘에게 원망하지 말라. 하늘의 뜻은 원래 사람에겐 후하고 박함이 없느니라.

錦 비단금  換 바꿀환  寞 적막할막  霄 하늘소  塡 눌릴진  邱 땅이름구  壑 구렁이학  厚 두터울후

堪歎人心毒似蛇라 誰知天眼轉如車요 去年妄取東隣物터니 今日還歸北舍家이라 無義錢財湯潑雪이요 儻來田地水推沙니라 若將狡譎爲生計면 恰似朝雲暮落花이라

사람의 마음이 독하기가 뱀 같음을 한탄하여 마지 않는 바이라. 누가 하늘의 눈이 수레바퀴처럼 돌아가고 있음을 알 것이요. 지나간 해에 망령되게 동쪽 이웃의 물건을 가져 오더니 오늘엔 어느덧 북쪽 집으로 돌아갔더라. 불의로 취한 돈과 재물은 끓는 물에 뿌려진 눈과 같이 없어질 것이요 뜻밖에 얻은 전답은 물에 밀려온 모래이니라. 만약 간교한 꾀로서 생활 방법을 삼는다면 그것은 흡사 아침에 피어오른 구름이나 저녁에 지는 꽃과 같으니라.

無藥可醫卿相壽요 有錢難買子孫賢이니라

약은 가히 재상의 목숨도 고칠 수 없을 것이요 돈은 있어도 자손의 현철함은 사지 못하느니라.

一日淸閑一日仙이니라

하루라도 마음이 깨끗하고 평안하면 하루는 신선이 되느니라.

蛇 뱀사 隣 이웃린 潑 물뿌릴발 儻 문득당 狡 간교할교 譎 속일휼 恰 흡사할흡 藥 약약 卿 벼슬경 壽 목숨수 買 살매 淸 맑을청 閑 한가할한 仙 신선선

# 11. 省　心　篇(下)
〔마음을 살펴 반성하는 길〕

眞宗皇帝御製에 曰知危識險이면 終無羅網之門이요 擧善薦賢이면 自有安身之路라 施仁布德은 乃世代之榮昌이요 懷妬報寃은 與子孫之爲患이라 損人利己면 終無顯達雲仍이요 害衆成家면 豈有長久富貴리오 改名異體는 皆因巧語而生이요 禍起傷身은 皆是不仁之召니라

진종황제 어제에 말하기를 위태로움을 알고 험한 것을 알면 끝내 법망에 걸리는 일이 없을 것이요 선한 일을 받들고 어진 일을 천거하면 스스로 몸이 편안할 길이 있을 것이니라. 인을 베풀고 덕을 폄은 마침내 대대손에 번영을 가져올 것이요 시기하는 마음을 품고 원한을 보복함은 자손에게 근심을 끼쳐주는 것이 되느니라. 남을 해롭게 해서 자기를 이롭게 한다면 마침내 벼슬과 이름이 높아질 자손이 없을 것이요 뭇사람을 해롭게 해서 성가를 한다면 어찌 그 부귀가 오래 갈 것이요. 이름을 갈고 몸을 달리함은 모두 교묘한 말로 인하여 생길 것이요 재앙이 일어나고 몸이 상하게 됨은 다 어질지 못함이 불러 들인 것이니라.

御 모실어　險 험할험　羅 벌릴라　妬 투기할투　寃 원통할원　仍 인할잉　異 다를이

- 진종황제(眞宗皇帝 968~1022) : 북송(北宋)의 제3대 황제. 이름은 항(恒). 진종 시대는 송(宋)나라의 학문과 예술의 전성기를 이루었음.

神宗皇帝御製에 曰遠非道之財하고 戒過度之酒하며 居必擇隣하고 交必擇友하며 嫉妬를 勿起於心하고 讒言을 勿宣於口하며 骨肉貧者를 莫疎하고 他人富者를 莫厚하며 克己는 以勤儉爲先하고 愛衆은 以謙和爲首하며 常思已往之非하고 每念未來之咎하라 若依朕之斯言이면 治國家而可久니라

신종황제 어제에 말하기를 도리에 어긋나는 재물을 멀리하고 정도에 지나친 술을 경계하며 반드시 이웃을 가리어서 살고 반드시 벗을 가리어 사귀며 남을 시기하는 마음을 일으키지 말고 남을 헐뜯는 말을 입 밖에 내지 말며 친척 가운데서 가난한 집을 소홀히 하지 말고 타인의 부유한 자에게 아첨하지 말며 자기를 극복하는 것은 근면과 검소가 먼저이고 사람을 사랑함은 겸손하고 화목을 첫째로 삼을 것이며 언제나 지나간 날의 잘못을 생각하고 또 앞날의 허물을 생각하라. 만일 나의 이말에 의거한다면 나라와 집안을 다스림에 가히 오래갈 것이니라.

- 신종황제(神宗皇帝 1048~1085) : 개혁책으로 왕안석의 신법을 채용했던 북송(北宋)의 제6대 황제.

度 법도도  擇 가릴택  讒 참소할참  咎 허물구  朕 나짐  斯 이사

高宗皇帝御製에 曰一星之火도 能燒萬頃之薪하고 半句非言도 誤損平生之德이라 身被一縷나 常思織女之勞하고 日食三飧이나 每念農夫之苦하라 苟貪妬損은 終無十載安康하고 積善存仁이면 必有榮華後裔니라 福緣善慶은 多因積行而生이요 入聖超凡은 盡是眞實而得이니라

고종황제 어제에 말하기를 한 점의 불티도 능히 넓고 넓은 숲을 태우고 반 마디의 그릇된 말도 평생의 덕을 허물어 뜨리니라. 몸에 한 오라기의 실을 걸쳤으나 항상 베짜는 여자의 노고를 생각하고 하루 세 끼니의 밥을 먹거든 매일 일하는 농부의 노고를 생각하라. 만일 남을 미워하고 해롭게 하는 것을 탐하는 것은 마침내 10년의 편안함도 없고 선을 쌓고 인을 보존하면 반드시 후손들에게 영화가 있느니라. 복이 착하고 좋은 일과 인연을 맺는 것은 많이 선을 쌓는데서 생겨나는 것이요 범용을 초월해서 성인의 경지에 들어가는 것은 다 진실함으로써 얻어지는 것이니라.

■ 고종황제(高宗皇帝 1107~1187) : 중국의 통일왕조 남송(南宋)의 제1대 황제(1127~1162). 북송(北宋)의 제8대 황제(1100~1125)인 휘종(徽宗 1082~1135)의 아들이며 흠종(欽宗)의 동생임. 1127년 휘종과 흠종이 금나라에 포로로 끌려가게 되자 남쪽으로 도망쳐 다시 남송을 세우고 1128년 임안(臨安)에 도읍을 정했던 것임.

頃 백이랑경　薪 섶신　被 입을피　縷 실루　飧 저녁밥손　苟 만일구　裔 후손예　超 뛸초

王良이 曰欲知其君인대 先視其臣하고 欲識其人인대 先視其友하고 欲知其父인대 先視其子하라 君聖臣忠하고 父慈子孝이니라

왕량이 말하기를 그 임금을 알려고 할진대 먼저 그 신하를 보고 그 사람을 알려고 할진대 먼저 그 벗을 볼 것이고 그 아버지를 알려고 할진대 먼저 그 자식을 보라. 임금이 거룩하면 그 신하는 충성스럽고 아버지가 인자하면 자식이 효행하느니라.
■ 왕량(王良) : 기원 전 376년에 멸망한 춘추 시대의 진(晋)나라 사람.


家語에 云水至淸則無魚하고 人至察則無徒니라

가어에 이르기를 물이 지극히 맑으면 고기가 없고 사람이 너무 살피면 친구가 없느니라.
■ 가어(家語) : 공자가어(孔子家語)를 말하는 것인데 공자의 언행과 일사(逸事) 등을 모은 책. 현재 10권이 전해옴.


許敬宗이 曰春雨는 如膏나 行人은 惡其泥濘하고 秋月揚輝나 盜者는 憎其照鑑이니라

허경종이 말하기를 봄비는 기름과 같으나 길가는 사람은 그 질퍽 질퍽한 진창을 싫어하고 가을 달빛이 밝게 비치나 도둑놈은

良 어질량 欲 하고자할욕 知 알지 視 볼시 聖 성인성 臣 신하신 慈 사랑할자 則 법칙 魚 고기어 徒 무리도 敬 공경할경 膏 기름고 泥 진흙니 濘 진흙수렁녕 揚 들날릴양 輝 빛날휘 照 비칠조

그 밝게 비치는 것을 싫어하느니라.
- ■허경종(許敬宗) : 618년 건국하여 907년에 멸망한 중국 당(唐)나라 때의 사가(史家). 자(字)는 연족(延族).


**景行錄**에 云大丈夫는 見善明故로 重名節於泰山하고 用心精故로 輕死生於鴻毛니라

경행록에 이르기를 대장부는 착한 것을 보는 것이 밝으므로 명예와 절의를 태산보다 중하게 하고 마음씀이 깨끗하므로 생사를 홍모보다 가벼이 여기느니라.


**悶人之凶**하고 樂人之善하며 濟人之急하고 救人之危니라

남의 흉한 일을 민망해 하고 남의 좋은 일은 즐겁게 여기며 남의 급한 일을 구제하고 남의 위험한 일은 구해야 하느니라.


**經目之事**도 恐未皆眞이어늘 背後之言을 豈足深信이리오

직접 눈으로 경험한 일도 다 참되지 않을까 두렵거늘 뒷전에서 하는 말을 어찌 다 만족하게 깊이 믿으리오.

---

故 연고고　泰 클태　死 죽을사　鴻 기러기홍　毛 털모　悶 민망할민　凶 흉할흉　濟 구제할제　救 구원할구　恐 두려울공　眞 참진　豈 어찌기　信 믿을신

## 不恨自家汲繩短하고 只恨他家苦井深이로다

자기집 두레박 줄이 짧은 것은 탓하지 않고 남의 집 우물 깊은 것만 탓하는도다.

## 贓濫이 滿天下하되 罪拘薄福人이니라

부정한 재물을 취하는 사람이 천하에 넘칠지라도 죄는 박복한 사람에게 걸리느니라.

## 天若改常이면 不風卽雨요 人若改常이면 不病卽死니라

하늘이 만약 상도(常道)를 어기면 바람이 아니면 곧 비요 사람이 만약 상도를 벗어나면 병이 아니면 죽음이 있느니라.

## 壯元詩에 云國正天心順이요 官淸民自安이라 妻賢夫禍少요 子孝父心寬이니라

장원시에 이르기를 나라가 바르면 천심도 순할 것이요 벼슬아치가 바르고 청백하면 온 백성이 저절로 편안하느니라. 아내가 어질면 그 남편의 화가 적을 것이요 자식이 효도하면 아버지의 마음이 너그러워 지느니라.

---

恨 한할한  汲 물기를급  繩 이을승  短 짧을단  苦 괴로울고  贓 장물장  濫 넘칠람  罪 허물죄  拘 잡을구  若 만약약  改 고칠개  常 항상상  卽 곧즉  淸 맑을청  妻 아내처  寬 너그러울관

子- 曰木從繩則直하고 人受諫則聖이니라

공자가 말씀하시기를 나무가 먹줄을 좇으면 곧고 사람이 간함을 받아 들이면 곧 거룩하게 되느니라.


一派靑山景色幽러니 前人田土後人收라 後人收得莫歡喜하라 更有收人在後頭니라

한 줄기 푸른 산은 경치가 그윽하더라니 앞사람의 논과 밭을 뒷사람이 차지하네. 뒷사람은 차지했다 해서 기뻐하지 말라. 다시 차지할 사람이 뒤통수에 있느니라.


蘇東坡曰無故而得千金이면 不有大福이라 必有大禍이니라

소동파가 말하기를 까닭없이 천금을 얻는 것은 큰 복이 있는 것이 아니라 반드시 큰 재앙이 있느니라.

■ 소동파(蘇東坡 1036~1101) : 중국 북송(北宋) 때의 제일가는 문인(文人)으로서 당송팔대가(唐宋八大家)의 한 사람. 이름은 식(軾), 자(字)는 자첨(子瞻), 호는 동파, 시호(諡號)는 문충(文忠). 저서로는 불후(不朽)의 명작으로 알려져 있는 적벽부(赤壁賦)가 유명함. 소식(蘇軾)은 대문장가인 아버지 소순(蘇洵), 고문학자인 동생 소철(蘇轍)과 함께 삼소(三蘇)라 불리움.

康節邵先生이 曰有人이 來問卜하되 如何是
禍福고 我虧人是禍이요 人虧我是福이니라

강절소 선생이 말하기를 어떠한 사람이 찾아와서 점복을 묻되 어떠한 것이 화이며 복일 것이냐고. 내가 남을 해롭게 하면 이것이 화요 남이 나를 해롭게 하면 이것이 복이니라.

大廈千間이라도 夜臥八尺이요 良田萬頃이라도
日食二升이니라

천간이나 되는 큰 집이라도 밤에 눕는 곳은 여덟자 뿐이요 좋은 밭이 만평 있더라도 하루에 두되만 있으면 먹느니라.

久住令人賤이요 頻來親也疎라 但看三五日
에 相見不如初라

오래 머물러 있으면 사람으로 하여금 천신이 될 것이요 자주 오면 친하던 것도 멀어지느니라. 단지 사흘이나 닷새 만에 서로 보는데도 처음과 같지 않느니라.

渴時一滴은 如甘露요 醉後添盃는 不如無니라

목마를 때 한 방울의 물은 단 이슬과 같은 것이요 취한 후에 잔을 더하는 것은 안먹는 것만 같지 못하느니라.

康 편안할강  節 마디절  邵 땅이름소  卜 점복  虧 이지러질휴  廈 큰집하  間 사이간  臥 누울와  頃 이랑경  升 되승  住 머무를주  頻 자주빈  但 다만단  看 볼간
渴 목마를갈  滴 물방울적  甘 달감  露 이슬로  盃 잔배

**酒不醉人人自醉**요 **色不迷人人自迷**니라

술이 사람을 취하게 하는 것이 아니라 사람이 스스로 취하는 것이요 색이 사람을 미혹시키는 것이 아니라 사람이 스스로 미혹하는 것이니라.

**公心**을 **若比私心**이면 **何事不辨**이며 **道念**을 **若同情念**이면 **成佛多時**니라

여러 사람을 위하는 마음을 만일 자기를 위하는 마음에 비한다면 무슨 일이든지 옳고 그릇됨을 가려내지 못할 것이며 도를 향하는 마음이 만약 남녀의 정과 같다면 성불한지도 이미 오래일 것이니라.

**濂溪先生曰巧者言**하고 **拙者默**하며 **巧者勞**하고 **拙者逸**하며 **巧者賊**하고 **拙者德**하며 **巧者凶**하고 **拙者吉**하나니 **嗚呼**라 **天下拙**이면 **刑政**이 **徹**하여 **上安下順**하며 **風淸弊絶**이니라

염계 선생이 말씀하시기를 교자(재주있고 꾀있는 자)는 말을 잘하고 졸자(재주없고 어리석은 자)는 말을 아니하며 교자는 수고를 많이 하고 졸자는 편안하고 한가하며 교자는 도둑질을 하고 졸자는 덕성(德性)스러우며 교자는 흉하고 졸자는 길하나니 오호라! 천하가 졸하면 형정이 철저하여 임금이 편안하고 백성은 잘 순종하며 풍속은 맑고 폐단은 근절되느니라.

酒 술주 醉 취할취 迷 미혹할미 若 만약약 私 사사로울사 辨 분별할변 成 이룰성 佛 부처불 濂 시내이름렴 溪 시내계 默 잠잠할묵 逸 편안할일 嗚 탄식할오 弊 폐단폐

- ■ 염계선생(濂溪先生 1017~1073) : 중국 북송(北宋) 시대의 유학자(儒學者). 성은 주(周), 이름은 돈실(敦實), 후에 돈이(敦頤)로 고쳤음. 자(字)는 염계임. 송학(宋學 : 性理學 또는 朱子學)의 시조로서 태극도설(太極圖設)과 통서(通書)를 저술하였음.

易에 曰德微而位尊하고 智小而謀大면 無禍者이 鮮矣니라

주역에 말하기를 덕은 작은데 지위가 높고 아는 것이 적으면서 꾀하는 것이 크면 화가 없는 자가 드물 것이니라.
- ■ 주역(周易) : 삼역(三易)의 하나로 역경(易經)이라고도 함. 우주의 원리와 인간의 길흉 화복을 기록. 문왕(文王), 주공(周公), 공자(孔子)에 의해서 대성한 역학(易學).

說苑에 曰官怠於宦成하고 病加於小愈하며 禍生於懈怠하고 孝衰於妻子이니 察此四者하여 愼終如始니라

설원에 말하기를 관은 그 지위가 높아짐에 따라 게을러지고 병은 조금 낫는데서 더해지고 재앙은 게으른데서 생기고 효도는 아내와 자식에 의해 약해지나니 이 네 가지를 살피어 나중을 삼가기를 처음과 같이 할지니라.
- ■ 설원(說苑) : 한(漢)나라 유향(劉向)이 지은 책. 명인들의 일화(逸話)를 수록.

易 바꿀역 德 은혜덕 微 작을미 謀 꾀할모 鮮 적을선 苑 동산원 宦 벼슬환 愈 나을유 懈 게으를해 衰 쇠약할쇠

**器滿則溢**하고 **人滿則喪**이니라

그릇이 차면 넘쳐 흐르고 사람이 차면 잃어지느니라.


**尺璧非寶**요 **寸陰是競**이니라

한 자 되는 구슬을 보배로 보지 말고 오직 짧은 시간을 귀중히 여길지니라.


**羊羹**이 **雖美**나 **衆口**를 **難調**니라

양고기 국이 비록 맛이 좋으나 여러 사람의 입맛을 고루 맞추기는 어려우니라.


**益智書**에 **云白玉**은 **投於泥塗**라도 **不能汚穢 其色**이요 **君子**는 **行於濁地**라도 **不能染亂其 心**하나니 **故**로 **松栢**은 **可以耐雪霜**이오 **明智**는 **可以涉危難**이니라

익지서에 이르기를 흰 구슬은 진흙속에 던져지더라도 그 빛은 더럽힐 수 없을 것이요 군자는 혼탁한 곳에 갈지라도 그 마음을 물들이고 어지럽힐 수는 없나니 그런고로 소나무와 잣나무는 눈과 서리를 잘 견디는 것이요 밝은 지혜는 위급하고 곤란

滿 찰만　溢 넘칠일　喪 잃을상　璧 구슬벽　寶 보배보　陰 그늘음　競 다툴경　羊 양양　羹 국갱　雖 비록수　調 고를조　投 던질투　泥 진흙니　塗 진흙도　穢 더러울예　染 물들염　栢 잣나무백　耐 견딜내　涉 건널섭

함을 잘 헤쳐 나가느니라.

**入山擒虎**는 **易**어니와 **開口告人**은 **難**이니라

산에 들어가서 범을 잡기는 쉬우니와 입을 열어 남에게 고하기는 어려우니라.

**遠水**는 **不救近火**요 **遠親**은 **不如近隣**이니라

먼곳에 있는 물은 가까운 불을 끄지 못할 것이요 먼 곳에 있는 친척은 가까운 이웃만 같지 못하느니라.

**太公**이 **曰日月**이 **雖明**이나 **不照覆盆之下**하고 **刀刃**이 **雖快**나 **不斬無罪之人**하고 **非災橫禍**는 **不入愼家之門**이니라

태공이 말하기를 해와 달이 비록 밝으나 엎어놓은 동이의 밑은 비치지 못하고 칼날이 비록 잘 드나 죄 없는 사람을 베지 못하고 나쁜 재화나 불의의 재앙은 삼가하는 집 문에는 들어오지 못하느니라.

**太公**이 **曰良田萬頃**이 **不如薄藝隨身**이니라

태공이 말하기를 좋은 밭 만 이랑이 엷은 재주가 몸에 붙어 있는 것만 같지 못하느니라.

### 性理書에 云接物之要는 己所不欲을 勿施於人하고 行有不得이어든 反求諸己니라

성리서에 이르기를 사물을 접하는 중요한 것은 자기가 하고 싶지 않는 것을 남에게 베풀지 말고 행동으로 얻지 못하는 것이 있거든 돌이켜 자기가 책임을 질 것이니라.

### 酒色財氣四堵墻에 多少賢愚在內廂이라 若有世人이 跳得出이면 便是神仙不死方이니라

술과 색과 재물과 기운의 네 가지로 쌓은 담 안에 수많은 어진 이와 어리석은 사람이 안방과 곁채에 들어 있느니라. 만약 그 누가 이곳을 뛰쳐 나올 수 있다면 신선과 같이 죽지 않는 방법이니라.

接 접할접 物 만물물 要 중요요 求 구할구 堵 담도 墻 담장 廂 행랑상 跳 뛸도 仙 신선선

## 13. 立 教 篇
〔생활 실천의 근본 요강〕

子ー曰立身有義而孝其本이요 喪祀有禮而哀爲本이요 戰陣有列而勇爲本이요 治政有理而農爲本이요 居國有道而嗣爲本이요 生財有時而力爲本이니라

공자가 말씀하시기를 입신(立身)함에 의(義)가 있으니 효도가 그 근본이요 상사(喪祀)에 예(禮)가 있으니 슬퍼함이 그 근본이요 싸움터에 서열이 있으니 용맹이 그 근본이요 정치에 이치가 있으니 농사가 그 근본이요 나라가 지키는데 도가 있으니 계승이 그 근본이요 재물이 생기는 때가 있으니 노력이 그 근본이니라.

景行錄에 云爲政指要는 曰公與淸要이요 成家之道는 曰儉與勤이라

경행록에 이르기를 정사를 다스리는 긴요한 것은 공정하고 청렴해야 할 것이요 집을 이루는 길은 검약하고 부지런한 것이니라.

喪 잃을상 祀 제사사 陣 진칠진 農 농사농 嗣 이을사 政 정사정 與 줄여 儉 검소할검 勤 부지런할근

讀書는 起家之本이요　循理는 保家之本이요
勤儉은 治家之本이요　和順은 濟家之本이니라

글을 읽는 것은 집을 일으키는 근본이요 이치에 따름은 집을 보존하는 근본이요 근검 절약은 집을 잘 다스리는 근본이요 화목하고 순종하는 것은 집을 잘 다스리는 근본이니라.


孔子三計圖에 云一生之計는　在於幼하고　一年之計는　在於春하고　一日之計는　在於寅이니 幼而不學이면　老無所知요　春若不耕이면　秋無所望이요　寅若不起면　日無所辦이니라

공자가 삼계도에 이르기를 일생의 계획은 어릴때에 있고 일년의 계획은 봄에 있고 하루의 계획은 새벽에 있는 것이니 어려서 배우지 않으면 늙어서 아는 것이 없을 것이요 봄에 밭 갈지 않으면 가을에 거둘 것이 없을 것이요 새벽 일찍 일어나지 않으면 그날의 할 일이 없느니라.


性理書에 云五敎之目은 父子有親하며　君臣有義하며　夫婦有別하며　長幼有序하며　朋友有信이니라

起 일어날기　本 근본본　循 따를순　治 다스릴치　濟 가지런할제　幼 어릴유　寅 동방인　耕 밭갈경　秋 가을추　辦 구비할변　目 조목목　夫 지아비부　婦 지어미부　序 차례서　信 믿을신

성리서에 이르기를 다섯가지 가르침의 조목은 아버지와 자식 사이엔 친함이 있어야 하며 임금과 신하 사이엔 의리가 있어야 하며 남편과 아내 사이엔 분별이 있어야 하며 어른과 어린이 사이엔 차례가 있어야 하며 친구 사이에는 믿음이 있어야 하느니라.

三綱은 君爲臣綱이요 父爲子綱이요 夫爲婦綱이니라

삼강이라는 것은 임금은 신하의 본이요 아버지는 자식의 본이요 남편은 아내의 본이 되느니라.

王蠋이 曰忠臣은 不事二君이요 烈女는 不更二夫니라

왕촉이 말하기를 충신은 두 임금을 섬기기 않을 것이요 열녀는 두 남편을 섬기지 않느니라.
■ 왕촉(王蠋) : 전국(戰國) 시대의 제(齊)나라 충신.

忠子曰治官엔 莫若平이요 臨財엔 莫若廉이니라

충자가 말하기를 벼슬을 다스림에는 공평한 것만 같지 못할 것이요 재물에 임함에는 청렴한 것만 같지 못하느니라.

綱 벼리강 蠋 나무벌레촉 烈 매울렬 更 고칠경 治 다스릴치 若 같을약 廉 청렴할렴

張思叔座右銘에 曰凡語를 必忠信하며 凡行을 必篤敬하며 飮食을 必愼節하며 字畫를 必楷正하며 容貌를 必端莊하며 衣冠을 必整肅하며 步履를 必安詳하며 居處를 必正靜하며 作事를 必謀始하며 出言을 必顧行하며 常德을 必固持하며 然諾을 必重應하며 見善如己出하며 見惡如己病하라 凡此十四者는 皆我未深省이라 書此當座右하여 朝夕視爲警이니라

장사숙의 좌우명에 말하기를 무릇 말이란 반드시 충직하고 신의가 있어야 하며 무릇 행실은 반드시 돈독하고 공경히 하며 음식은 반드시 삼가하고 알맞게 먹으며 글씨는 반드시 바르게 쓰며 용모는 반드시 단정하고 엄숙히 하며 의관은 반드시 바르고 정숙하며 걸음걸이는 반드시 점잖게 하며 거처하는 곳은 반드시 점잖게 하며 일하는 것은 반드시 계획을 세워 시작하며 말하는 것은 반드시 실행 여부를 생각해서 행하며 평상시의 덕은 반드시 굳게 가지며 일을 허락하는 것은 반드시 신중히 생각해서 응하며 선을 보거든 내일같이 하며 악을 보거든 내몸의 병인것 같이하라. 무릇 이 열네 가지는 모두 내가 아직 깊이 깨닫지 못한 것이라. 이것을 자리 오른편에 써 붙여 놓고 아침 저녁으로 보고 경계할 것이니라.

■ 장사숙(張思叔) : 북송(北宋) 때의 학자. 성리학(性理學)의 주창자이며 성리학의 대가인 정이천(程伊川)의 제자. 주돈이에게 학문을 배웠음.

座 자리좌  楷 해서해  肅 엄숙할숙  詳 자세할상  靜 고요할정  顧 돌아볼고

① 范益謙座右銘에 曰一不言朝廷利害邊報差除이요 二不言州縣官員長短得失이요 三不言衆人所作過惡之事요 四不言仕進官職趨時附勢요 五不言財利多少厭貧求富요 六不言淫媟戱慢評論女色이요 七不言求覓人物干索酒食이요

범익겸의 좌우명에 말하기를 첫째 조정에서의 이해(利害)와 변방 관직의 임명에 대하여 말하지 말 것이요 둘째 주와 현의 관원에 장단과 득실에 대하여 말하지 말 것이요 셋째 여러 사람이 저지른 나쁜 일은 말하지 말 것이요 넷째 관직에 나가는 것과 때를 따라 권세에 아부하는 일에 대하여 말하지 말 것이요 다섯째 재리(財利)의 많고 적음이나 가난을 싫어하고 부자를 바라는 것을 말하지 말 것이요 여섯째 음란 외설이나 희롱 방자하게 여색(女色)에 대한 평론을 말하지 말 것이요 일곱째 남의 물건을 탐내거나 주식(酒食)을 토색하는 것을 말하지 말 것이요.

■ 범익겸(范益謙) : 인물 미상(未詳).

② 又人付書信을 不可開坼沈滯요 與人拜坐에 不可窺人私書요 凡入人家에 不可看人文字요 凡借人物에 不可損壞不還이요 凡喫飮食에

范 성범 縣 고을현 趨 달아날추 附 가까울부 厭 싫을염 媟 거만할설 戱 희롱할희 覓 구할멱 索 찾을색 坼 찢을탁 沈 잠길침 滯 머물체 拜 예할배 窺 엿볼규 壞 무너질괴 喫 먹을끽

不可揀擇去取요 與人同處에 不可自擇便利요 凡人富貴를 不可歎羨詆毀요 凡此數事에 有犯之者면 足以見用心之不正이라 於正心修身에 大有所害라 因書以自警하노라

그리고 남이 부치는 편지를 뜯어 보거나 지체시켜서는 안될 것이요 남과 같이 앉아 있을 때에 남의 사신을 엿보아서는 안될 것이요 무릇 남의 집에 갔을 때에 남의 문장 지어 둔 것을 보지 말 것이요 남의 물건을 빌렸을 때에 그 물건을 파손시켜서 돌려 보내면 안될 것이요 무릇 음식을 먹음에 가려서 버리고 또 취(取)하지 말 것이요 남과 같이 있을 때에 자신만의 편리를 가리어 취하지 말 것이요 무릇 남의 부하고 귀한 것을 부러워하거나 헐뜯지 말지니라. 무릇 이 몇가지 일을 범하는 자가 있다면 족히 그 마음 씀씀이가 바르지 않음을 알 수 있을 것이니라. 마음을 바르게 하고 몸을 닦음에 크게 해되는 바가 있는지라. 이로 인하여 이 글을 써서 스스로 경계하노라.

武王이 問太公曰人居世上에 何得貴賤貧富不等고 願聞說之하여 欲知是矣이로다 太公이 曰富貴는 如聖人之德하여 皆由天命이어니와 富者는 用之有節하고 不富者는 家有十盜니라

무왕이 태공에게 묻기를 사람이 세상에 살아 가는데 어째서 귀천과 빈부가 고르지 않습니까? 원하건대 설명을 들어 이것을

揀 가릴간　羨 부러워할선　詆 흥볼저　毀 헐훼　武 호반무　等 무리등　德 큰덕　由 말미암을유　盜 도둑도

알고자 하나이다. 태공이 말하기를 부하고 귀한 것은 성인의 덕과 같아서 다 타고난 운명에 말미암아 되는 것이니와 부자는 쓰는데 절제가 있고 부하지 못한 자는 집안에 열 가지의 도둑이 있느니라.

■ 무왕(武王 기원 전 1169~1116) : 주(周)나라 문왕(文王)의 아들. 이름은 발(發). 부왕(父王)의 유업(遺業)을 계승하여 아우 단(旦)과 협력하여 은(殷)나라의 폭군(暴君) 주왕(紂王)을 쳐서 멸망시키고 중국을 통일하여 주왕조(周王朝)를 세웠음.

武王이 曰何謂十盜닛고 太公이 曰時熟不收이 爲一盜요 收積不了이 爲二盜요 無事燃燈寢睡이 爲三盜요 傭懶不耕이 爲四盜요 不施功力이 爲五盜요 專行巧害이 爲六盜요 養女太多이 爲七盜요 晝眼懶起이 爲八盜요 貪酒嗜慾이 爲九盜요 强行嫉妬이 爲十盜요

무왕이 말하기를 무엇을 십도(十盜)라고 합니까? 태공이 말하기를 제때에 익은 곡식을 거둬 들이지 않는 것이 첫째의 도둑이요 거두고 쌓는 것을 마치지 않는 것이 둘째의 도둑이요 일 없이 등불을 켜놓고 잠자는 것이 셋째의 도둑이요 게을러서 밭갈지 않는 것이 넷째의 도둑이요 공력(功力)을 들이지 않는 것이 다섯째의 도둑이요 오로지 교활하고 해로운 일만 행하는 것이 여섯째의 도둑이요 딸만 너무 많이 기르는 것이 일곱째의 도둑이요 낮잠 자고 아침에는 일어나기를 게을리 하는 것이 여

熟 익을숙 積 쌓을적 了 마칠료 燃 불탈연 燈 등불등 睡 졸음수 傭 게으를용
懶 게으를란 嗜 즐길기 嫉 질투할질 妬 투기할투

덟째의 도둑이요 술을 탐하고 환락을 즐기는 것이 아홉째의 도
둑이요 심히 남을 시기하는 것이 열째의 도둑입니다.

武王이 曰家無十盜而不富者는 何如닛고 太
公이 曰人家에 必有三耗니다 武王이 曰何名
三耗닛고 太公이 曰倉庫漏濫不蓋하여 鼠雀亂
食이 爲一耗요 收種失時이 爲二耗요 抛撒米
穀穢賤이 爲三耗니라

무왕이 말하기를 집에 십도(十盜)가 없고도 부유하지 못한 것
은 어찌하여 그럽니까? 태공이 말하기를 그런 사람의 집에는
반드시 삼모(三耗)가 있을 겁니다. 무왕이 말하기를 무엇을 삼
모라고 합니까? 태공이 말하기를 창고가 뚫려 있는데도 막지
아니하여 쥐와 참새들이 어지럽게 먹어대는 것이 첫째의 소모
요 거두고 씨뿌림에 때를 놓치는 것이 둘째의 소모요 곡식을
퍼뜨리어 더럽고 천하게 여기는 것이 셋째의 소모니라.

武王이 曰家無三耗而不富者는 何如닛고 太
公이 曰人家에 必有一錯二誤三痴四失五逆
六不祥七奴八賤九愚十强하여 自招其禍요
非天降殃이니다

耗 소모할모　庫 곳집고　漏 샐루　蓋 덮을개　鼠 쥐서　雀 참새작　亂 어지러울란
抛 버릴포　撒 뿌릴살　穢 더러울예　賤 천할천　錯 그릇착　誤 그릇오　痴 어리석
을치　祥 상서로울상

무왕이 말하기를 집에 삼모가 없는데 잘 살지 못하는 것은 어찌하여 그럽니까? 태공이 말하기를 그런 사람의 집에는 반드시 일착(一錯), 이오(二誤), 삼치(三痴), 사실(四失), 오역(五逆), 육불상(六不祥), 칠노(七奴), 팔천(八賤), 구우(九愚), 십강(十强)이 있으므로 하여 그 화를 스스로 부르는 것이요 하늘이 재앙을 내리는 것이 아닙니다.

武王이 曰願悉聞之하나이다 太公이 曰養男不敎訓이 爲一錯이요 嬰孩不訓이 爲二誤이요 初迎新婦不行嚴訓이 爲三痴이요 未語先笑이 爲四失이요 不養父母이 爲五逆이요 夜起赤身이 爲六不祥이요 好挽他弓이 爲七奴요 愛騎他馬이 爲八賤이요 喫他酒勸他人이 爲九愚요 喫他飯命朋友이 爲十强이니다 武王이 曰甚美誠哉라 是言也이여

무왕이 말하기를 자세히 듣기를 원하나이다. 태공이 말하기를 아들을 기르며 가르치지 않는 것이 첫째의 잘못이요 어린 아이를 훈도하지 않는 것이 둘째의 그릇됨이요 처음 새 부인을 맞아들여 엄하게 가르치지 않는 것이 셋째의 어리석음이요 말하기 전에 웃기부터 먼저 하는 것이 넷째의 과실이요 부모를 봉양하지 않는 것이 다섯째의 거스름이요 밤에 알몸으로 일어나는 것

悉 다실 養 기를양 嬰 어릴영 孩 어린아이해 迎 맞을영 挽 당길만 騎 말탈기 勸 권할권 誠 정성성

이 여섯째의 상서롭지 못함이요 남의 활 당기기를 좋아하는 것이 일곱째의 못난이요 남의 말 타기를 좋아하는 것이 여덟째의 천함이요 남의 술을 마시면서 다른 사람에게 권하는 것이 아홉째의 어리석음이요 남의 밥을 먹으면서 친구에게 주는 것이 열 번째의 뻔뻔스러움이 될 것입니다. 무왕이 말하기를 심히 아름답고 정성스러워라. 그 말씀이여.

# 14. 治　政　篇
〔나라를 이루는 터전〕

明道先生이　曰一命之士이　苟有存心於愛物이면　於人에　必有所濟니라

명도 선생이 말씀하시기를 처음으로 벼슬을 얻은 사람이라도 진실로 물건을 사랑하는 마음이 있다면 남에게 반드시 도움을 받는 바가 있느니라.

■ 명도선생(明道先生 1032~1085) : 북송(北宋) 때의 대유학자. 성은 정(程), 이름은 호(顥), 자(字)는 백순(伯淳). 명도(明道)는 그의 호(號). 중국 북송(北宋) 시대의 학자인 주돈이(周敦頤 1017~1073)에게 수학했으며 성리학(性理學)을 크게 발전시켰음. 우주의 근본 원리를 이(理)라고 부르고 인간의 본성은 본래 동일한 것이라고 주장하면서 성즉이설(性卽理說)을 주창했는데 이러한 그의 사상은 주자에게 큰 영향을 주어 송(宋)나라 유학(儒學)의 기초가 되었음. 아우 정이와 더불어 2정자(二程子)라 일컬음.

唐太宗御製에　云上有麾之하고　中有乘之하고　下有附之하여　幣帛衣之요　倉廩食之하니　爾俸爾祿이　民膏民脂니라　下民은　易虐이어니와

命 목숨명　苟 진실로구　愛 사랑할애　物 만물물　濟 건질제　麾 지휘할휘　乘 꾀할승　幣 폐백폐　帛 비단백　廩 쌀곳간름　俸 녹봉　膏 기름고　脂 기름지　虐 학대할학

## 上蒼은 難欺니라

당나라 태종의 어제에 이르기를 위에서 지시하는 이가 있고 중간에는 이에 다스리는 이가 있고 그 아래에는 이에 따르는 이가 있다하여 예물로 받은 비단은 옷 지어 입고 곳간에 거두어 둔 곡식으로 밥 지어 먹으니 너희의 복록이 모두 백성들의 기름인 것이니라. 아래에 있는 백성은 학대하기가 쉽거니와 위에 있는 푸른 하늘은 속이기가 어려우니라.

■ 당태종(唐太宗 598~649) : 명나라의 제2대 황제. 성은 이(李), 이름은 세민(世民). 아버지 이연(李淵)을 도와 수나라를 멸망시키고 중국 대륙을 차지하여 당나라를 세웠음. 백성들을 지극히 사랑했음.


## 童蒙訓에 曰當官之法은 唯有三事하니 曰淸 曰愼曰勤이라 知此三者면 知所以持身矣니라

동몽훈에 말하기를 관리된 자의 법도는 오직 세 가지가 있으니 청렴과 신중과 근면이라. 이 세 가지를 알면 몸 가질 바를 아느니라.

■ 동몽훈(童蒙訓) : 송(宋)나라 때 여본중(呂本中)이 어린이들을 가르치기 위하여 저술한 책.


## 當官者는 必以暴怒爲戒하여 事有不可어든 當詳處之면 必無不中이어니와 若先暴怒면 只

童 아이동  蒙 어릴몽  愼 삼갈신  持 가질지  暴 드러날폭  怒 성낼노  戒 경계할계

### 能自害라 豈能害人이리오

관직에 있는 자는 반드시 심하게 성내는 것을 경계하여 일에 옳지 않음이 있거든 마땅히 자상하게 처리하면 반드시 맞아 떨어지지 않는 것이 없으려니와 만약 성내기부터 먼저 한다면 오직 자신을 해롭게 할 뿐이니라. 어찌 남을 해롭게 할 수 있으리요.

### 事君을 如事親하며 事長官을 如事兄하며 與同僚를 如家人하며 待群吏를 如奴僕하며 愛百姓을 如妻子하며 處官事를 如家事然後에 能盡吾之心이니 如有毫末不至면 皆吾心에 有所未盡也니라

임금 섬기기를 어버이 섬기는 것같이 하며 웃 사람 섬기기를 형을 섬기는 것같이 하며 동료 대하기를 자기집 가족처럼 하며 여러 아전 대접하기를 자기집 노복(奴僕)같이 하며 백성 사랑하기를 자기 처와 자식같이 하며 나라 일 처리하기를 내 집안 일처럼 하고 난 뒤에야 능히 내 마음을 다했다 할 것이니 만약 털끝 만큼이라도 미흡함이 있으면 모두 나의 마음에 다하지 못한 바가 있기 때문이니라.

### 或이 問簿는 佐令者也니 簿所欲爲를 令或不從이면 奈何닛고 伊川先生이 曰當以誠意動

之니라 今令與簿不和는 便是爭私意요 令은 是邑之長이니 若能以事父兄之道로 事之하여 過則歸己하고 善則唯恐不歸於令하여 積此誠意면 豈有不動得人이리오

어떤 사람이 묻기를 부(簿)는 영(令)을 보좌하는 자이니 부가 하고자 하는 바를 영이 혹시 따르지 않는다면 어찌할 것인고? 이천 선생이 말하기를 마땅히 성의로써 움직여야 할 것이니라. 지금 이 영과 부가 화목하지 않는 것은 곧 사사로운 생각으로 다투는 것이요. 영은 고을의 어른이니 만약 부형을 섬기는 도리로 섬기게 하여 잘못이 있으면 자기에게로 돌리고 잘한 것은 영에게로 돌아가지 않을 것을 두려워하여 이같은 성의를 쌓는다면 어찌 사람을 감동시키지 않으리요.

■ 이천선생(伊川先生 1033~1107) : 성은 정(程), 이름은 이(頤), 자(字)는 정숙(正淑), 호가 이천(伊川)임. 북송(北宋) 때의 유학자로 정호(程顥)의 아우이며 성리학(性理學)의 대가로 역전(易傳), 어록(語錄) 등의 저서가 있음. 시호(諡號)는 정공(程公). 형 정호와 더불어 2정자(二程子)라 불리웠음. 형과 함께 주돈이에게 학문을 배웠음.

劉安禮─ 問臨民한데 明道先生이 曰使民으로 各得輸其情이니라 問御吏한데 曰正己以格物이니라

유안례가 백성에 임하는 도리를 물었는데 명도 선생이 말씀하

爭 다툴쟁 邑 고을읍 歸 돌아갈귀 恐 두려울공 積 쌓을적 劉 성유 輸 실어낼수 御 모실어 吏 아전리 格 이를격

시기를 백성으로 하여금 각각 그들의 뜻을 펴게 할 것이니라. 부하를 통솔하는 도리를 물으니 자기를 바르게 함으로써 남을 바르게 할지니라.
- ■ 유안례(劉安禮) : 북송(北宋) 때의 사람. 자(字)는 원소(元素).

抱朴子에 曰迎斧鉞而正諫하며 據鼎鑊而盡言이면 此謂忠臣也이니라

포박자에 말하기를 도끼를 맞더라도 바르게 간하며 가마솥에 넣어서 죽이려 하더라도 말을 다하면 이가 바로 충신인 것이니라.
- ■ 포박자(抱朴子) : 진(晋)나라 초기의 사람. 성은 갈(葛), 이름은 홍(洪). 호(號)가 포박자임. 그의 저서(著書)도 그의 호를 따서 포박자라고 했음.

抱 안을포　斧 도끼부　鉞 도끼월　據 웅거할거　鼎 솥정　鑊 가마솥확

## 15. 治 家 篇
〔가정 생활과 운명〕

司馬溫公이 曰凡諸卑幼이 事無大小이 毋得專行하고 必咨稟於家長이니라

사마온공이 말하기를 무릇 손아래 사람들은 일의 크고 작음 없이 제멋대로 행동하지 말고 반드시 집안 어른께 여쭈어 보고 해야 하느니라.

待客에 不得不豊이요 治家에 不得不儉이니라

손님을 대접하는 데에 풍성하게 하지 아니할 수 없을 것이요 살림살이에 검소하지 않을 수 없느니라.

太公이 曰痴人은 畏婦하고 賢女는 敬夫니라

태공이 말하기를 어리석은 사람은 아내를 두려워하고 어진 여자는 남편을 공경하느니라.

凡使奴僕에 先念飢寒이니라

司 맡을사 毋 말게할무 咨 물을자 稟 여쭐품 待 대할대 客 손객 得 얻을득 豊 풍성할풍 儉 검소할검 痴 어리석을치 畏 두려워할외 敬 공경할경 奴 종노 僕 하인복 念 생각념 飢 주릴기 寒 찰한

무릇 종일 부리는 데에 먼저 배고픈 것과 추운 것을 생각할지 니라.

### 子孝雙親樂이요 家和萬事成이니라

자식이 효도하면 양친이 즐거울 것이요 집안이 화목하면 만사가 이루어지느니라.

### 時時防火發하고 夜夜備賊來니라

때때로 불나는 것을 예방하고 밤마다 도둑이 드는 것을 방비할지니라.

### 景行錄에 云觀朝夕之早晏하여 可以卜人家之興替니라

경행록에 이르기를 아침 저녁밥의 이르고 늦음을 보아 가히 그 사람 집의 흥하고 쇠함을 점칠 수 있느니라.

### 文仲子 - 曰婚娶而論財는 夷虜之道也이니라

문중자가 말하기를 혼인하고 장가드는데 재물을 논하는 것은 오랑캐의 일이니라.

雙 둘쌍 親 어버이친 防 막을방 發 필발 備 갖출비 賊 도둑적 來 올래 觀 볼관 早 일찍조 晏 늦을안 興 흥할흥 替 쇠퇴할체 仲 버금중 婚 혼인할혼 娶 장가들취 夷 오랑캐이 虜 오랑캐로

■ 문중자(文仲子) : 중국 수(隋)나라 때의 학자. 이름은 왕통(王通). 문중자는 그의 사후(死後) 문인(門人)들이 부른 호(號).

## 16. 安 義 篇
〔인륜의 기본〕

顏氏家訓에 曰夫有人民而後에 有夫婦하고 有夫婦而後에 有父子하고 有父子而後에 有兄弟하니 一家之親은 此三者而已矣라 自玆以往으로 至于九族이 皆本於三親焉故로 於人倫에 爲重也이니 不可不篤이니라

안씨 가훈에 말하기를 대저(大抵) 사람이 있은 뒤에 부부가 있고 부부가 있은 뒤에 부자가 있고 부자가 있은 뒤에 형제가 있나니 한 집의 친함은 이 세 가지 뿐이니라. 이에서부터 나아가 구족(九族)에 이르기까지는 모두가 이 삼친(三親)에 근본을 두고 있으므로 인륜(人倫)에 있어 가장 중요한 것이니 돈독하게 아니하지 못할지니라.

- ■ 안씨가훈(顏氏家訓) : 북제(北齊)나라의 안지추(顏之推)가 지은 것. 2권으로 되어 있음.

莊子─ 曰兄弟는 爲手足하고 夫婦는 爲衣服이니 衣服破時엔 更得新이어니와 手足斷處엔 難可續이니라

顏 얼굴안  玆 이자  往 갈왕  族 일가족  篤 도타울독  破 깨질파  新 새신  斷 끊을단  續 이을속

장자가 말하기를 형제는 수족(手足)이라 할 수 있고 부부는 의복과 같으니 의복이 떨어졌을 때엔 다시 새 것을 갈아 입을 수 있거니와 수족이 잘라진 곳엔 잇기가 어려우니라.

## 蘇東坡－ 云富不親兮貧不疎는 此是人間大丈夫요 富則進兮貧則退는 此是人間眞小輩니라

소동파가 이르기를 부유하다고 친하지 않으며 가난하다고 멀리하지 않음은 이것이 바로 인간 대장부라 할 것이요 부유하면 가까이 하고 가난하면 멀리하는 것은 이것이 바로 사람중에 소인배 짓이니라.

## 17. 遵 禮 篇
〔상호간에 이루어지는 예절〕

子ㅣ 曰居家有禮故로 長幼辨하고 閨門有禮故로 三族和하고 朝廷有禮故로 官爵序하고 田獵有禮故로 戎事閑하고 軍旅有禮故로 武功成이니라

공자가 말씀하시기를 집안에 예가 있으므로 어른과 어린이의 분별이 되고 안방에 예가 있으므로 삼족(三族)이 화목하고 조정에 예가 있으므로 벼슬의 차례가 있고 사냥함에 예가 있으므로 군사 일이 숙달되고 군대에 예가 있으므로 무공이 이루어지느니라.

子ㅣ 曰君子가 有勇而無禮면 爲亂하고 小人이 有勇而無禮면 爲盜니라

공자가 말씀하시기를 군자가 용기만 있고 예가 없으면 세상을 어지럽게 하고 소인이 용맹만 있고 예가 없으면 도둑이 되느니라.

曾子ㅣ 曰朝廷엔 莫如爵이요 鄕黨엔 莫如齒

遵 좇을준  辨 분별할변  閨 안방규  爵 벼슬작  獵 사냥할렵  戎 군사융  旅 군대려  功 공공  勇 용맹할용  亂 어지러울란  盜 도둑도  廷 조정정  爵 벼슬작  鄕 마을향  黨 무리당  齒 나이치

## 輔世長民엔 莫如德이니라

증자가 말씀하시기를 조정에서는 지위보다 더한 것이 없을 것이요 한 고을에는 나이가 많은 사람보다 나은 것이 없을 것이요 세상을 돌보고 백성을 다스리는데엔 덕만한 것이 없느니라.
- 증자(曾子 506~?) : 공자의 제자로 전국 시대 노(魯)나라의 사상가. 이름은 삼(參). 안자(顏子)·공자(孔子)·맹자(孟子)와 더불어 사성(四聖)으로 일컬어짐.

## 老少長幼는 天分秩序니 不可悖理而傷道也이니라

늙은이와 젊은이, 어른과 어린아이는 하늘이 정한 차례이니 사물의 바른 도리를 어겨도 도를 상하게 하지 못하느니라.

## 出門如見大賓하고 入室如有人이니라

문 밖에 나설 때는 큰 손님이라도 뵈올듯이 하고 방에 들 때는 사람이 있는 것 같이 할 것이니라.

## 若要人重我인데 無過我重人이니라

만약 남이 나를 중하게 여김을 바란다면 무엇보다 내가 먼저 남을 중히 여겨야 하느니라.

---

輔 도울보　長 높을장　秩 차례질　序 차례서　悖 어그러질패　賓 손빈　室 방실　若 만약약　重 무거울중　我 나아

## 父不言子之德하며 子不談父之過니라

아버지는 아들의 덕을 말하지 말 것이며 아들은 아버지의 허물을 말하지 아니 할지니라.

德 덕덕　談 말씀담

## 18. 言 語 篇
〔진정한 언어의 생활〕

### 劉會 - 曰言不中理면 不如不言이니라

유회가 말하기를 말이 이치에 맞지 않으면 말하지 아니함만 같지 못하니라.
■ 유회(劉會) : 사람 이름.


### 一言不中이면 千語無用이니라

한 마디의 말이 맞지 않으면 천마디의 말이 쓸데 없느니라.


### 君平이 曰口舌者는 禍患之門이요 滅身之斧也이니라

군평이 말하기를 입과 혀는 화와 근심의 문이요 몸을 망치는 도끼와 같은 것이니 말을 삼가해야 할지니라.
■ 군평(君平) : 인물 미상(未詳).


### 利人之言은 煖如綿絮하고 傷人之語는 利如

劉 성유 會 모을회 理 이치리 語 말씀어 無 없을무 平 평할평 滅 멸망할멸 斧 도끼부 綿 솜면 絮 솜서

荊棘하여 一言半句이 重値千金이요 一語傷人에 痛如刀割이니라

사람을 이롭게 하는 말은 따뜻하기가 솜과 같고 사람을 상하게 하는 말은 날카롭기가 가시와 같아서 한 마디의 말이 무겁기가 천금과 같을 것이요 한 마디의 말이 사람을 상함에 아프기가 칼로 베는 것과 같으니라.


口是傷人斧요 言是割舌刀니 閉口深藏舌이면 安身處處牢니라

입은 사람을 상하게 하는 도끼요 말은 혀를 베는 칼이니 입을 막고 혀를 깊이 감추면 몸은 어느곳에 있어도 편안할 것이니라.


逢人且說三分話하되 未可全抛一片心이니 不怕虎生三個口요 只恐人情兩樣心이니라

사람을 만나면 말을 삼분(三分)만 하되 자기가 지니고 있는 한 조각 마음까지 다 버리지 말지니 호랑이의 세 입을 두려워 하지 말 것이요 오직 사람의 두 마음을 두려워 할지니라.


酒逢知己千鍾少요 話不投機一句多니라

荊 가시형  棘 가시나무극  割 벨할  刀 칼도  閉 닫을폐  藏 감출장  安 편안할안
牢 굳을로  抛 던질포  片 조각편  怕 두려워할파  個 낱개  樣 모양양  鍾 술잔종
投 맞을투  句 글귀구

술은 나를 잘 아는 친구를 만나면 천잔도 적을 것이요 말은 뜻이 맞지 않으면 한 마디도 많으니라.

## 19. 交 友 篇
〔참된 벗을 사귀는 길〕

子ㅡ 曰與善人居면 如入芝蘭之室하여 久而不聞其香하되 卽與之化矣요 與不善之居면 如入鮑魚之肆하여 久而不聞其臭하되 亦與之化矣니 丹之所藏者는 赤하고 漆之所藏者는 黑이라 是以로 君子는 必愼其所與處者焉이니라

공자가 말씀하시기를 착한 사람과 같이 살면 향기로운 지초와 난초가 있는 방안에 들어간 것과 같아서 오랫동안 그 향기를 알지 못하더라도 곧 더불어 동화될 것이요 착하지 못한 사람과 같이 있으면 절인 생선가게에 들어간 듯 하여 오랫동안 그 냄새를 알지 못하더라도 또한 더불어 동화되나니 붉은 것을 지니고 있으면 붉어지고 검은 것을 지니고 있으면 검어지는 것이니라. 그러므로 군자는 반드시 그 같이 있는 곳을 삼가야 하느니라.

家語에 云與好學人同行하면 如霧露中行하여 雖不濕衣라도 時時有潤하고 與無識人同行에

芝 지초지 蘭 난초란 鮑 절인고기포 肆 저자사 漆 옻칠할칠 處 곳처 焉 어조사언 霧 안개무 露 이슬로 濕 젖을습 潤 젖을윤

**如廁中坐**하여 **雖不汚衣**라도 **時時聞臭**니라

가어에 이르기를 학문을 좋아하는 사람과 동행하면 마치 안개와 이슬 속을 가는 것과 같아서 비록 옷은 적시지 않더라도 때때로 배어듦이 있고 무식한 사람과 함께 가면 마치 변소에 앉은 것 같아서 비록 옷은 더럽히지 않더라도 때때로 냄새가 나느니라.


**子 - 曰晏平仲**은 **善與人交**로다 **久而敬之**온여

공자가 말씀하시기를 안평중(晏平仲)은 사람 사귀귀를 훌륭히 했도다. 오랫동안 그를 공경했느니라.
- 안평중(晏平仲) : 춘추(春秋) 시대 칠웅(七雄)중의 하나인 제(齊)나라의 재상(宰相). 이름은 영(嬰), 자(字)가 평중임. 경공(景公)을 도와 제나라를 번영케 했음.


**相識**이 **滿天下**하되 **知心能幾人**고

서로 얼굴을 아는 사람은 온 세상에 많이 있되 마음을 아는 사람이야 몇 사람이나 되겠는고.


**酒食兄弟**는 **千個有**로되 **急難之朋**은 **一個無**니라

술과 음식을 먹을 때의 형제는 천명이로되 위급하고 어려울 때의 친구는 하나도 없느니라.

---

廁 뒷간치　汚 더러울오　晏 늦을안　仲 버금중　善 착할선　識 알식　滿 찰만　幾 몇기　個 낱개　急 급할급　朋 벗붕

**不結子花**는 **休要種**이요 **無義之朋**은 **不可交**니라

열매를 맺지 않는 꽃은 심을 필요가 없을 것이요 의리가 없는 친구는 사귀지 말지니라.

**君子之交**는 **淡如水**하고 **小人之交**는 **甘若醴**니라

군자의 사귐에는 맑기가 물과 같고 소인의 사귐에는 달콤하기가 단술 같으니라.

**路遙知馬力**이요 **日久見人心**이니라

길이 멀어야 말의 힘을 알 것이요 날이 오래 지나야 사람의 마음을 알 수 있느니라.

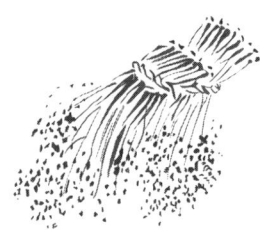

結 맺을결　休 쉴휴　種 심을종　義 옳을의　淡 맑을담　甘 달감　醴 단술례　路 길로　遙 멀요　久 오랠구

## 20. 婦 行 篇
〔참다운 여성의 역할〕

益智書에 云女有四德之譽하니 一曰婦德이요 二曰婦容이요 三曰婦言이요 四曰婦工也니라

익지서에 이르기를 여자는 네 가지 덕의 아름다움이 있나니 첫째는 부인으로서의 덕성이요 둘째는 부인의 얼굴이요 셋째는 부인의 말이요 넷째는 부인의 솜씨를 말하느니라.

婦德者는 不必才名絶異요 婦容者는 不必顔色美麗요 婦言者는 不必辯口利詞요 婦工者는 不必技巧過人也니라

부덕이라는 것은 반드시 재주와 이름이 뛰어남을 말하는 것이 아니요 부용이라는 것은 반드시 얼굴이 아름답고 고움이 아니요 부언이라는 것은 반드시 입담이 좋고 말 잘함이 아니요 부공이라는 것은 반드시 손재주가 다른 사람보다 뛰어남을 말하는 것이 아니니라.

其婦德者는 淸貞廉節하여 守分整齊하고 行

益 더할익 譽 기릴예 容 얼굴용 工 장인공 絶 뛰어날절 顔 얼굴안 麗 고울려
詞 말씀사 技 재주기 整 정돈할정

止有恥하야 動靜有法이니 此爲婦德也요 婦容者는 洗浣塵垢하여 衣服鮮潔하며 沐浴及時하여 一身無穢니 此爲婦容也요 婦言者는 擇師而說하여 不談非禮하고 時然後言하여 人不厭其言이니 此爲婦言也요 婦工者는 專勤紡績하고 勿好暈酒하며 供具甘旨하여 以奉賓客이니 此爲婦工也니라

그 부덕이라 함은 정조는 맑고 절개는 곧게 하여 분수를 지키며 몸가짐을 고르게 하고 한결같이 얌전하게 행하여 동정과 법도에 맞게 하는 것이니 이것이 부덕이 되는 것이요 부용이라 함은 먼지나 때를 깨끗이 빨아 옷차림을 정결하게 하며 목욕을 제때에 하여 몸에 더러움이 없게 하는 것이니 이것이 부용이 되는 것이요 부언이라 함은 말을 가려서 하여 예의에 어긋나는 말을 하지 않고 꼭 해야 할 때만 말하여 사람들이 그 말을 싫어하지 않는 것이니 이것이 부언이 되는 것이요 부공이라 함은 길쌈을 부지런히 하고 술을 빚어 내기를 좋아하지 말며 좋은 맛을 갖추어 손님을 접대하는 것이니 이것이 부공이 되느니라.

此四德者는 是婦人之所 不可缺者라 爲之甚易하고 務之在正하니 依此而行이면 是爲婦節이니라

浣 옷빨완 塵 티끌진 垢 때구 潔 깨끗할결 穢 더러울예 暈 해와달무리운 旨 맛지 此 이차 缺 이지러질결 甚 심할심 務 힘쓸무 依 의지할의

이 네 가지 덕은 부녀자로서는 뺄 수 없는 것이라 행하기가 매우 쉽고 힘쓰는 것이 올바른 일이니 이에 의거하여 행한다면 이것이 부인으로서 행하는 길이 되느니라.

## 太公이 曰婦人之禮는 語必細니라

태공이 말하기를 부인의 예절로서는 말이 반드시 곱고 가늘어야 하느니라.

## 賢婦는 令夫貴요 惡婦는 令夫賤이니라

어진 아내는 그 남편을 귀하게 할 것이요 악한 아내는 그 남편을 천하게 할 것이니라.

## 家有賢妻면 夫不遭橫禍니라

집에 어진 아내가 있으면 그 남편이 뜻밖의 화를 당하지 않느니라.

## 賢婦는 和六親하고 佞婦는 破六親이니라

어진 부인은 육친(六親)을 화목하게 하고 간사하고 약한 여자는 육친의 화목을 깨뜨리느니라.

---

太 클태　公 공변될공　細 가늘세　賢 어질현　令 하게끔할령　惡 악할악　賤 천할천　遭 만날조　橫 가로횡　和 화할화　佞 재주녕　破 깨질파

## 21. 增 補 篇
〔선악의 선택길〕

周易에 曰善不積이면 不足以成名이요 惡不積이면 不足以滅身이어늘 小人은 以小善으로 爲无益而弗爲也하고 以小惡으로 爲无傷而弗去也니라 故로 惡積而不可掩이요 罪大而不可解니라

주역에 말하기를 선을 쌓지 않으면 족하게 이름을 이룰 수 없을 것이요 악을 쌓지 않으면 족하게 몸을 망칠 일이 없을 것이어늘 소인은 조그마한 선으로 이로움이 없다고 하여 행하지 않고 조그마한 악으로 해로움이 없다고 하여 버리지 아니 하느니라. 그러므로 악한 것이 쌓이면 가히 없애지 못할 것이요 죄가 크면 감히 풀지 못하느니라.

履霜하면 堅氷至라하니 臣弑其君하며 子弑其父非一旦一夕之事이라 其由來者이 漸矣니라

서리를 밟으면 얼음 얼 때가 되는 이치라 하니 신하가 그 임금을 죽이며 아들이 그 아비를 죽임이 하루 저녁의 일이 아니라 그 연유는 점점 자라온 것이니라.

无 없을무(無의 古字) 弗 아닐불 掩 가릴엄 霜 서리상 堅 굳을견 氷 얼음빙 弑 죽일시 旦 아침단 漸 점점점

## 22. 八反歌八首 (錄桂宮誌)
〔늙은 어버이와 내 자식의 가교 역할〕

幼兒ㅡ 或罵我하면 我心에 覺懽喜하고 父母ㅡ 嗔怒我하면 我心에 反不甘이라 一喜懽一不甘이니 待兒待父心何懸고 勸君今日逢親怒어든 也應將親作兒看하라

어린 아이가 혹시 나를 꾸짖으면 내 마음에 기쁨으로 깨닫고 부모님이 나를 꾸짖고 성을 내시면 내 마음이 반대로 좋게 여겨지지 않는지라. 한쪽은 기쁘고 한쪽은 좋지 아니하니 아이를 대하는 마음과 어버이를 대하는 마음이 어찌 그다지도 현격한고. 그대에게 권하노니 지금 어버이에게 꾸지람을 받게 되거든 반드시 자기의 어린 자식에게 꾸지람을 들을 때와 같이하라.

兒曹는 出千言하되 君聽常不厭하고 父母는 一開口하면 便道多閑管이라 非閑管親掛牽하고 皓首白頭에 多諳諫이라 勸君敬奉老人言하고 莫敎乳口爭長短하라

어린 자식들은 많은 말을 하되 그대는 언제 들어도 싫어하지

않고 부모님은 한번 입을 열었다 하면 편한 말로 잔소리만 많다고 하느니라. 이는 잔소리가 아니라 어버이는 근심이 되어 그러하고 흰 머리 다 되도록 긴 세월 체험한 간언이라. 그대여 노인의 말씀을 공경하여 받들고 부디 젖냄새 나는 입으로 길고 짧음을 다투지 말 것을 권하노라.

幼兒尿糞穢는 君心에 無厭忌로되 老親涕唾零에 反有憎嫌意니라 六尺軀來何處요 父精母血成汝體라 勸君敬待老來人하라 壯時爲爾筋骨敝니라

어린 아이의 오줌과 똥같은 더러운 것은 그대 마음에 싫어하고 거리낌이 없으되 늙은 어버이의 눈물과 침이 떨어지는 것에 도리어 미워하고 싫어하는 뜻이 있느니라. 여섯 자나 되는 몸이 어디서 왔는고. 아버지의 정기와 어머니의 피로 그대의 몸이 이루어졌느니라. 그대에게 권하노니 늙어가는 사람을 공경하여 대접하라. 젊었을 때 그대를 위해 살과 뼈가 닳도록 애를 쓰셨느니라.

看君晨入市하여 買餅友買餻하니 少聞供父母하고 多說供兒曹라. 親未啖兒先飽하니 子心이 不比親心好라 勸君多出買餅錢하여 供

尿 오줌뇨  零 떨어질령  嫌 싫어할혐  軀 몸구  筋 힘줄근  敝 해질폐  晨 새벽신
餅 밀가루떡병  餻 흰떡고  供 바칠공  啖 씹을담

## 養白頭光陰少하라

그대가 새벽에 가게에 들어가는 것이 보여, 밀가루 떡을 사고 또 흰 떡을 사가는데 어버이에게 드린다는 것은 별로 듣지 못하고 주로 자식들에게 준다는 말을 들었다. 어버이는 아직 씹지도 아니 하였는데 아이들은 먼저 배 부르니 자식의 마음이 부모의 마음 좋아하는 것에 비하지 못하리라. 그대에게 권하노니 떡 살 돈을 많이 내어 늙은 어버이가 살 날도 얼마 남지 아니 하였으니 잘 받들어 봉양하라.

## 市間賣藥肆에 惟有肥兒丸하고 未有壯親者하니 何故兩般看고 兒亦病親亦病에 醫兒不比醫親症이라 割股라도 還是親的肉이니 勸君亟保雙親命하라

시중에 약 파는 가게에 오직 아이를 살찌게 하는 약은 있고 어버이를 튼튼하게 하는 약은 없으니 어찌하여 두 가지로 나눠 볼 것인고. 아이도 병이 나고 어버이 역시 앓고 있을 때에 아이의 병을 고치는 것이 어버이 병고침에 비하지 못할 것이니라. 다리를 베더라도 원래는 어버이의 살이니 그대에게 권하노니 서둘러 어버이 생명을 먼저 건져라.

## 富貴엔 養親易로되 親常有未安하고 貧賤엔 養兒難하되 兒不受饑寒이라 一條心兩條路에

惟 오직유　肥 살찔비　丸 알환　般 가지반　醫 의원의　症 증세증　股 다리고　亟 빠를극　饑 주릴기　條 가지조　路 길로

爲兒終不如爲父라 勸君兩親은 如養兒하고
凡事를 莫推家不富하라

부하고 귀하면 어버이를 봉양하기 쉬우되 어버이는 항상 미안한 마음이 있고 가난하고 천하면 아이를 기르기 어려우되 아이는 배고프고 추운 것을 받지 않는다. 한 가지 마음과 두 가지 길에 아들을 위함이 마침내 어버이를 위함만 같지 못하느니라. 권하노니 그대여 양친을 아이 기르듯 하고 모든 일들을 집이 넉넉하지 못하다고 미루지 말 것이니라.

養親엔 只有二人이로되 常與兄弟爭하고 養兒엔 雖十人이나 君皆獨自任이라 兒飽煖親常問하되 父母饑寒不在心이라 勸君養親을 須竭力하라 當初衣食이 被君侵이니라

어버이 봉양엔 다만 두 사람이로되 늘 형과 동생이 서로 다투고 아이를 기름에는 비록 열 사람이나 그대는 모두 자기 혼자서 맡느니라. 아이가 배부르고 따뜻한 것은 부모가 늘 물으되 부모님의 춥고 배고픔은 마음에 두지 아니 하느니라. 그대에게 권하노니 어버이를 받들고 섬기기에 모름지기 힘을 다하라. 애당초 입는 것과 먹는 것을 그대에게 빼앗겼느니라.

親有十分慈하되 君不念其恩하고 兒有一分

終 마침종 推 밀추 獨 홀로독 任 맡을임 竭 다할갈 侵 침노할침 慈 사랑자

孝하되 君就揚其名이라 待親暗待兒明하니 誰識高堂養子心하고 勸君漫信兒曹孝하라 兒曹親子在君身이니라

어버이는 지극히 그대를 사랑하되 그대는 그 은혜를 생각하지 아니하고 자식이 조금이라도 효도함이 있으면 그대는 바로 그 이름을 빛내려 하느니라. 어버이를 대접하는 것은 어둡고 자식을 대하는 것은 밝으니 누가 어버이의 자식 기르는 마음을 알 것인고. 그대에게 권하노니 부질없이 아이들의 효도를 믿지 말라. 아이들이 부모를 자식같이 사랑함이 그대 자신에게 달렸느니라.

揚 떨칠양　誰 누구수　漫 부질없을만

## 23. 孝 行 篇
〔생사의 기로에 선 부모에게 효도하는 길〕

孫順이 家貧하여 與其妻로 傭作人家以養母할새 有兒每奪母食이라 順이 謂妻曰兒奪母食하니 兒는 可得이어니와 母難再求라 하고 乃負兒往歸醉山北郊하여 欲埋掘地러니 忽有甚奇石鍾이어늘 驚怪試撞之하니 春容可愛라 妻曰得此奇物은 殆兒之福이니 埋之不可라 하니 順이 以爲然하여 將兒與鍾還家하여 懸於樑撞之러니 王이 聞鐘聲이 淸遠異常而覈聞其實하고 曰昔에 郭巨 - 埋子엔 天賜金釜러니 今孫順이 埋兒엔 地出石鍾하니 前後符同이라 하고 賜家一區하고 歲給米五十石하니라

손순이 집이 가난하여 그 아내와 더불어 남의 집 머슴살이를 하여 어머니를 봉양하는데 아이가 있어 늘 어머니의 잡수시는 것을 뺐는지라 순이 아내에게 일러 말하기를 아이가 어머니 잡수시는 것을 빼앗으니 아이는 또 얻을 수 있거니와 어머니는

傭 품팔이용 奪 빼앗을탈 埋 묻을매 掘 팔굴 忽 깜짝할홀 怪 괴이할괴 撞 칠당 春 쇠북소리용 殆 자못태 覈 핵실핵 符 꼭맞을부 賜 줄사

다시 구하기 어려우니라 하고 마침내 아이를 업고 취산 북쪽 기슭으로 가서 묻으려고 땅을 팠더니 문득 심히 이상한 석종이 있거늘 놀랍고 이상하게 여기어 시험 삼아 두드려 보니 울리는 소리가 아름답고 사랑스러운지라. 아내가 말하기를 이 기이한 물건을 얻은 것은 자못 아이의 복이니 묻는 것은 옳지 못하다 하니 순이 그렇게 생각하여 아이를 데리고 종을 가지고 집으로 돌아와서 대들보에 달고 이것을 울렸더니 임금이 그 소리를 들음이 맑고 늠름함을 이상하게 여기시어 그 사실을 자세히 물어서 알고 말하기를 옛날 곽거가 아들을 묻었을 때엔 하늘이 금으로 만든 솥을 주시었더니 이제 손순이 아이를 묻음엔 땅이 석종을 내어 주시니 앞과 뒤가 서로 꼭 맞는 것이라 하고 집 한 채를 주시고 해마다 쌀 오십석을 주셨느니라.

- 손순(孫順) : 신라 때의 모량리(牟梁里) 사람. 경주(慶州) 손씨의 시조로 신라 제42대 흥덕왕(興德王) 때 신라 삼기(三器)의 하나인 석종(石鍾)을 얻은 효자임.
- 곽거(郭巨) : 중국 후한(後漢)때 이십사효(二十四孝)의 한 사람. 효성이 지극했음.

尙德은 値年荒癘疫하여 父母飢病濱死라 尙德이 日夜不解衣하고 盡誠安慰하되 無以爲養則刲髀肉食之하고 母發癰에 吮之卽瘉라 王이 嘉之하여 賜賚甚厚하고 命旌其門하고 立石紀事하니라

상덕은 흉년과 질병이 유행하는 해를 맞이하여 아버지와 어머니가 굶주리고 병들어 죽게 된지라. 상덕이 밤이나 낮이나 옷을

癘 염병려  濱 가까울빈  刲 베일규  髀 넓적다리뼈비  癰 종기옹  吮 핥을연  賚 줄뢰  旌 장목기정

풀지 않고 정성을 다하며 편안케 하고 위로 하였으되 봉양할 것이 없으므로 넓적다리 살을 베어 잡수시도록 하고 어머니가 종기가 남에 빨아서 곧 낫게 했느니라. 임금께서 이 말을 들으시고 어여삐 여겨 물건을 후하게 내리시고 그 집에 정문을 세울 것을 명하시고 비석을 세워 이 일을 기록케 하셨느니라.

■ 상덕(尙德) : 신라 때의 사람으로 효행(孝行)이 지극하여 이름이 높았음.

都氏家貧至孝라 賣炭買肉하여 無闕母饌이러라 一日은 於市에 晚而忙歸러니 鳶忽攫肉이어늘 都- 悲號至家하니 鳶旣投肉於庭이러라 一日母病索非時之紅柿어늘 都- 彷徨柿林하야 不覺日昏이러니 有虎屢遮前路하고 以示乘意라 都- 乘至百餘里山村하야 訪人家投宿이러니 俄而主人이 饋祭飯而有紅柿라 都- 喜問柿之來歷하고 且述己意한데 答曰 亡父嗜柿故로 每秋擇柿二百個하야 藏諸窟中而至此五月則完者不過七八이라 今得五十個完者故로 心異之러니 是天感君孝라 하고 遺以二十顆어늘 都- 謝出門外하니 虎尙俟

饌 반찬찬  鳶 솔개연  攫 움킬확  柿 감시  饋 진지올릴궤  嗜 즐길기  顆 덩이과
俟 기다릴사

伏이라 乘至家하니 曉鷄喔喔이러라 後에 母以
天命으로 終에 都有血淚라

　도씨는 집이 가난했으나 효성은 지극했다. 숯을 팔아 고기를 사서 어머니의 반찬을 빠뜨리지 아니하였느니라. 하루는 시장에서 늦을 무렵 바쁘게 돌아 오는데 솔개가 별안간 고기를 채 가거늘 도씨가 슬피 울며 집에 돌아와 보니 솔개는 벌써 그 고기를 집안 뜰에 던져 놓았더라. 하루는 어머니가 병이 나서 때 아닌 홍시(紅枾)를 찾거늘 도씨가 감나무 수풀을 방황하여 날이 저무는 것도 깨닫지 못하고 있으려니 호랑이가 나타나 앞길을 가로막고 타라고 하는 뜻을 나타내는지라. 도씨가 타고 백 여리나 되는 산동네에 이르러 사람이 사는 집을 찾아 잠을 자려고 하였더니 얼마 안되어 주인이 제삿밥을 차려 주는데 홍시가 있는지라. 도씨가 기뻐하여 감의 내력을 묻고 또 자기의 뜻을 말하였더니 대답하여 말하기를 돌아가신 아버지께서 감을 즐기시므로 해마다 가을이면 감 이백개를 가려서 모두 굴 안에 감추어 두나 이 오월에 이르면 상하지 않은 것이 7,8개에 불과한지라 이젠 쉰 개의 상하지 않은 것을 얻었으므로 마음속으로 이상스럽게 여겼더니 이것은 곧 하늘이 그대의 효성에 감동한 것이라 하고 이십 개를 내어 주었거늘 도씨가 감사한 뜻을 말하고 문 밖에 나오니 호랑이는 아직도 누워서 기다리고 있는지라. 호랑이를 타고 집에 돌아오니 새벽이 되어 닭이 울더라. 뒤에 어머니가 천명으로 돌아가시매 도씨는 피눈물을 흘리더라.
　■도씨(都氏) : 이조(李朝) 철종(哲宗) 때의 사람으로 효행이 높았음.

喔 닭의 소리악　淚 눈물루

## 24. 廉 義 篇
〔품행이 바르고 절조가 굳은 길〕

印觀이 賣綿於市할새 有署調者以穀買之而還이러니 有鳶이 攫其綿하야 墮印觀家어늘 印觀이 歸于署調曰鳶墮汝綿於吾家라 故로 還汝하노라 署調曰鳶이 攫綿與汝는 天也이라 吾何爲受리오 印觀曰然則還汝穀하리라 署調曰吾與汝者이 市二日이니 穀已屬汝矣니라 二人이 相讓이라가 幷棄於市하니 掌市官이 以聞王하야 竝賜爵하니라

인관이 시장에서 솜을 파는데 서조라는 사람이 곡식으로써 이를 사 가지고 돌아 가더니 솔개가 그 솜을 채 가지고 인관의 집에 떨어 뜨렸거늘 인관이 서조에게 돌려 보내고 말하기를 솔개가 너의 솜을 내 집에 떨어뜨린지라 그러므로 너에게 돌려 보내노라. 서조가 말하기를 솔개가 솜을 채다가 너를 준 것은 하늘이 한 일이라 내가 어찌 받을 수 있으리오. 인관이 말하기를 그렇다면 너의 곡식을 돌려 보내리라. 서조가 말하기를 내가 너에게 준 지가 벌써 두 장이 되었으니 곡식은 이미 너에게 속한 것이니라. 두 사람이 서로 사양하다가 솜과 곡식을 다함께 장에 버렸으니 시장을 맡아 다스리는 관원이 이 사실을 임금께

印 도장인 署 마을서 墮 떨어뜨릴타 屬 붙일속 讓 사양할양 棄 버릴기 掌 잡을장 官 벼슬관

아뢰어서 다함께 벼슬을 주었느니라.
■ 인관(印觀)·서조(署調) : 두 사람 다같이 신라 때의 인물로 청렴하고 의리있는 인물로 전해지고 있음.

洪夔燮이 少貧甚無料러니 一日早에 婢兒踊躍하며 獻七兩錢曰此在鼎中하니 米可數石이요 柴可數駄니 天賜天賜니다 公이 驚曰是何金고 卽書失金人推去等字하야 付之門楣而待러니 俄而姓劉者 – 來問書意어늘 公이 悉言之한대 劉 – 曰理無失金於人之鼎內하니 果天賜也이라 盍取之닛고 公이 曰非吾物에 何오 劉 – 俯伏曰小的이 昨夜에 爲窃鼎來가 還憐家勢蕭條而施之러니 今感公之廉价하고 良心自發하야 誓不更盜하고 願欲常待하나니 勿慮取之하소서 公이 卽還金曰汝之爲良則善矣나 金不可取라 하고 終不受러라 後에 公이 爲判書하고 其子在龍이 爲憲宗國舅하며 劉亦見信하야 身家大昌하니라

夔 조심할기 燮 화할섭 獻 드릴헌 鼎 솥정 駄 실을태 楣 인중방미 悉 알실
盍 덮을합 俯 엎드릴부 窃 좀도둑절 蕭 쓸쓸할소 价 착할개 舅 장인구

홍기섭이 젊었을 때 심히 가난하여 말할 수 없더니 하루는 이른 아침에 어린 계집종이 기뻐 날뛰며 돈 일곱량을 바치며 말하기를 이것이 솥 속에 있었다고 하니 이것이면 쌀이 몇 섬이요 나무가 몇 바리(몇짐)이니 하느님이 내리신 것입니다. 공이 놀래며 말하기를 이것이 어찌된 돈인고. 곧 돈을 잃은 사람은 와서 찾아가라는 글을 써서 대문 위에 붙이고 기다렸더니 얼마 안되어 유가라는 사람이 찾아와서 글의 뜻을 물었거늘 공은 하나도 빠짐없이 말해 주었다. 유가가 말하기를 남의 솥 속에다 돈을 잃을 사람이 있을리가 없으니 정말 하늘이 주신 것이라 어찌 가지지 아니 하는고. 공이 말하기를 내 물건이 아닌데 어찌 가질 것이오. 유가가 엎드려서 말하기를 소인이 어젯밤에 솥을 훔치려 왔다가 도리어 가세가 너무 쓸쓸한 것을 불쌍히 여기어 이것을 놓고 돌아갔더니 이제 공의 청렴함이 고결하여 탐심이 없고 양심이 스스로 움직이어 다시는 도둑질을 않기로 맹세하고 앞으로는 늘 곁에서 대하기를 원하오니 걱정 마시옵고 취하시기를 바랍니다. 공이 곧 돈을 돌려 주면서 말하기를 네가 좋은 사람이 되는 것은 참 좋으나 이 돈을 취할 수 없다 하고 끝내 받지 않았다가 뒤에 공이 판서가 되고 그의 아들 재룡이 헌종의 장인이 되었으며 유가도 또한 신임을 얻어서 몸과 집안이 크게 창성하였느니라.

- ■ 홍기섭(洪耆燮) : 어느 때인지는 확실하지 않으나 이조(李朝) 말엽 사람으로, 본관은 남양(南陽). 청렴하기로 이름이 높았으며 벼슬이 판서(判書)에 이르렀음.
- ■ 홍재룡(洪在龍) : 자(字)는 경천(景天). 홍기섭의 아들이며 헌종(憲宗)의 장인(丈人)으로 익풍부원군(益豊府院君)에 봉해졌음.
- ■ 헌종(憲宗) : 이조(李朝) 제24대 임금(1834~1849).

## 高句麗平原王之女 - 幼時에 好啼러니 王이

啼 울제

戱曰以汝로 將歸于愚溫達하리라 及長에 欲下嫁于上部高氏한데 女以王不可食言으로 固辭하고 終爲溫達之妻하다 盖溫達이 家貧하야 行乞養母러니 時人이 目爲愚溫達也러라 一日은 溫達이 自山中으로 負楡皮而來하니 王女訪見曰吾乃子之匹也이라 하고 乃賣首飾而買田宅器物하야 頗富하고 多養馬以資溫達하야 終爲顯榮하니라

고구려 평원왕의 딸이 어렸을 때에 울기를 좋아하니 왕이 희롱하여 말하기로 너를 장차 바보 온달에게 시집보내리라. 성장함에 있어 상부 고씨에게로 시집보내려 하는데 딸이 임금은 식언할 수 없으므로 굳이 사양하고 마침내 온달의 아내가 되었다. 대개 온달은 집이 가난하여 다니면서 빌어다가 어머니를 섬기니 그 때 사람들이 이를 보고 바보 온달이라고 하더라. 하루는 온달이 산 속으로부터 느티나무 껍질을 짊어지고 돌아오니 임금의 딸이 찾아와 보고 말하기를 나는 바로 그대의 배필이라고 하고 머리의 장식품들을 팔아 밭과 집, 살림할 그릇을 사서 매우 부유해 지고 말(馬)을 많이 길러 온달을 도와 마침내 몸이 영달하고 이름이 빛나게 되었느니라.

- 고구려(高句麗) : 기원 전 37년에 주몽(朱蒙)이 세운 삼국시대의 하나.
- 평원왕(平原王) : 고구려 제25대 임금(559~590).
- 온달(溫達 ?~590) : 평원왕(平原王)의 딸 평강공주와 결혼. 장수로서 전쟁에서 북주(北周) 무제(武帝)의 군사를 쳐서 무

汝 너여  將 장차장  嫁 시집갈가  楡 느티나무유  飾 꾸밀식  頗 자못파  顯 나타날현

공(武功)을 세우고 대형(大兄)이라는 벼슬에 올라 몸이 크게 영달(榮達)하였음. 어려서 바보 온달로 불렸기 때문에 바보 온달의 일화(逸話)가 후세 사람들에게 전해지고 있음.

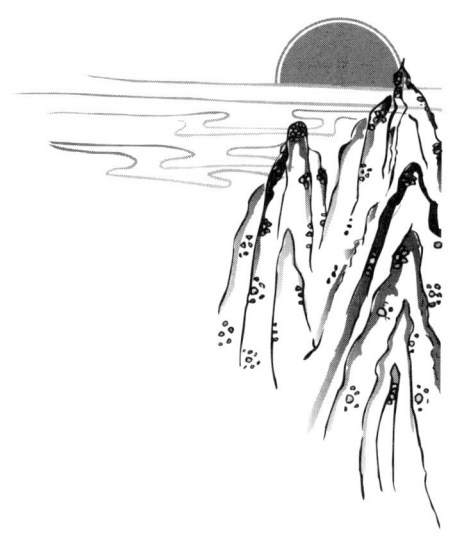

## 25. 勸　　學　　篇
〔참된 배움의 길〕

朱子ー 曰勿謂今日不學而有來日하며 勿謂今年不學而有來年하라 日月逝矣나 歲不我延이니 嗚呼老矣라 是誰之愆고

주자가 말하기를 오늘 배우지 아니하고서 내일이 있다고 말하지 말라. 올해에 배우지 아니하고서 내년이 있다고 말하지 말라. 날과 달은 흐르니 세월은 나를 위해서 더디게 가지 않는다. 아! 늙었노라. 이것이 누구의 허물인고.


少年은 易老하고 學難成하니 一寸光陰이라도 不可輕하라 未覺池塘에 春草夢인데 階前梧葉은 已秋聲이라

소년은 늙기 쉽고 학문은 이루기 어려우니 짧은 시간이라도 가벼이 여기지 말라. 아직도 못 둑의 봄풀은 꿈에서 깨어나지도 못하였는데 섬돌 앞의 오동나무는 벌써 가을소리를 내느니라.


陶淵明詩에 云盛年은 不重來하고 一日은 難

謂 이를위　逝 갈서　延 미적거릴연　嗚 슬플오　愆 허물건　塘 못당　階 섬돌계　梧 오동나무오　已 이미이　聲 소리성　陶 질그릇도　淵 못연　盛 성할성

再晨이니 及時이 當勉勵하라 歲月은 不待人이니라

도연명의 시에 이르기를 젊은 시절은 두 번 거듭 오지 않고 하루에는 두 번씩 새벽이 있지 않으니 때가 이르거든 마땅히 학문에 힘쓰라. 세월은 사람을 기다리지 않느니라.
■ 도연명(陶淵明 365~427) : 이름은 잠(潛), 자(字)는 원량(元亮). 중국 육조(六朝 : 오(僞)·동진(東晉)·송(宋)·제(齊)·양(梁)·진(陳)) 시대 중의 하나인 동진 송대(宋代)의 시인으로 귀거래사(歸去來辭)라는 불후(不朽)의 명작(名作)을 남겼음.

筍子 - 日不積蹞步면 無以至千里요 不積小流면 無以成江河니라

순자가 말하기를 반 걸음을 쌓지 않으면 천리에 이르지 못할 것이요 작게 흐르는 물이 모이지 않으면 강하(江河)를 이루지 못할 것이니라.

晨 새벽신 勵 힘쓸려 筍 풀이름순 蹞 반걸음규 步 걸음보 流 흐를류 河 물하

# 부　록　편

제례 • 130

제물진설 • 131

지방쓰는 법 • 132

한자숙어 • 133

삼강오륜, 주자십회 • 144

친족간 계도 • 145

내종 및 외가간 계도 • 146

속자 · 약자 • 147

교육부선정 1,800교육용 한자 • 149

24절기표, 음력 12개월의 이칭 • 156

십간 · 십이지 및 육십갑자 • 157

연령의 이칭, 경조문 · 수례서식 • 158

# 26. 부 록 편

**祭禮** (제사때의 예법과 예절)

제사(祭祀)의 종류에는 상중(喪中)에 지내는 우제(虞祭)와 소상(小祥)·대상(大祥)·담제(禫祭) 그리고 시제(時祭)·다례(茶禮)·기제(忌祭)·묘제(墓祭)등이 있다.

## ● 시제(時祭) · 시향(時享)

음력 2월·5월·8월·11월에 집안의 사당에 지내는 제사 또는 음력 10월에 5대 이상의 조상 산소에 가서 지내는 제사.

## ● 다례(茶禮)

음력으로 매월 초하루·보름·생일 날 등에 지내는 제사이며, 음력 정월 초하루의 연시제(年始祭)와 8월 추석(秋夕)에 지내는 절사(節祀)가 있다.

## ● 묘제(墓祭)

모든 조상들의 묘소에 가서 지내는 제사인데 한식이나 10월중 길일(吉日)을 정하여 지낸다. 시제라고도 한다.

## ● 기제(忌祭)

돌아가신 날 지내는 제사로 오늘날 제사라고 하는 것이 이것이다. 제사 시간은 밤 1시 전후가 가장 적당하다.

## ● 지방(紙榜)

목욕 재계하고 의관을 정제하여 꿇어 앉아서 길이 22cm 폭 6cm의 깨끗한 한지에 먹으로 쓴다. 단, 18세 미만에 죽은 자식은 망자수재(亡子秀才)라 쓰고 숙부는 현중계고(顯中季考)라고 쓴다. 지방은 남자는 왼쪽, 여자는 오른쪽에 쓰며 세워 놓고 제사를 지낸다.

## ● 제물진설(祭物陳設)

* 어동육서(魚東肉西) : 어찬(魚饌)은 동쪽에, 육찬(肉饌)은 서쪽에.
* 좌포우혜(左脯右醯) : 포는 왼쪽에, 식혜는 오른쪽에.
* 두동미서(頭東尾西) : 생선의 머리는 동쪽을, 꼬리는 서쪽을 향하게.
* 조율이시(棗栗梨枾) : 서쪽에서 부터 대추·밤·배·감 순으로.
* 홍동백서(紅東白西) : 과일이나 조과(造果)의 붉은 색은 동쪽에, 흰색은 서쪽에.
* 생동숙서(生東熟西) : 김치는 동쪽에, 나물은 서쪽에.
* 건좌습우(乾左濕右) : 마른 것은 왼쪽에, 젖은 것은 오른쪽에.
* 접동잔서(楪東盞西) : 접시는 동쪽에, 잔은 서쪽에.
* 우반좌갱(右飯左羹) : 메(밥)는 오른쪽에, 갱(국)은 왼쪽에.
* 남좌여우(男左女右) : 제상의 왼쪽은 남자(考位), 오른쪽은 여자(妣位).

● 한 분을 모실 때
　(單位陳設)

|  |  | 지방 |  |  |
|---|---|---|---|---|
| 밥 | 수저 | 잔 | 국 | 떡 |
| 국수 | 육물 | 적 | 어물 | 초 |
| 탕 | 탕 | 탕 | 탕 | 탕 |
| 포 | 나물 | 숙채 | 간장 | 식혜 |
| 대추 | 밤 | 배 | 감 | 능금 |
|  | (모사) | (향로) | (향합) |  |

〈西〉　　　　　　　　　　　　　　　　　　　　〈東〉

● 두 분을 모실 때
　(兩位陳設)

| 남자의 지방 |  |  |  | 여자의 지방 |  |  |  |  |
|---|---|---|---|---|---|---|---|---|
| 밥 | 잔 | 국 | 수저 | 밥 | 잔 | 국 | 떡 | ← 다섯째 줄 |
| 초 | 국수 | 육물 | 적 | 어물 | 국수 | 초 | | |
| 탕 | | 탕 | 탕 | | 탕 | 탕 | | |
| 포 | 숙채 | | 간장 | 김치 | 식혜 | 자반 | | |
| 대추 | | 밤 | 배 | 감 | | 능금 | ← 첫째 줄 | |
| | (모사) | | (향로) | | (향합) | | | |

## 지방(紙榜) 쓰는 법

|  |  |
|---|---|
| 고조부모(高祖父母) | 顯高祖考學生府君 神位 / 顯高祖妣孺人 慶州崔氏 神位 (현고조고학생부군 신위 / 현고조비유인 경주최씨 신위) |
| 증조부모(曾祖父母) | 顯曾祖考學生府君 神位 / 顯曾祖妣孺人 全州李氏 神位 (현증조고학생부군 신위 / 현증조비유인 전주이씨 신위) |
| 조부모(祖父母) | 顯祖考學生府君 神位 / 顯祖妣孺人 金海金氏 神位 (현조고학생부군 신위 / 현조비유인 김해김씨 신위) |
| 부모(父母) | 顯考學生府君 神位 / 顯妣孺人 安東金氏 神位 (현고학생부군 신위 / 현비유인 안동김씨 신위) |
| 백부모(伯父母) | 顯伯父學生府君 神位 / 顯伯母孺人 全州金氏 神位 (현백부학생부군 신위 / 현백모유인 전주김씨 신위) |
| 숙부모(叔父母) | 顯叔父學生府君 神位 / 顯叔母孺人 慶州崔氏 神位 (현숙부학생부군 신위 / 현숙모유인 경주최씨 신위) |
| 남편(男便) | 顯辟學生府君 神位 (현벽학생부군 신위) |
| 아내(妻) | 亡室孺人 密陽朴氏 神位 (망실유인 밀양박씨 신위) |
| 형(兄) | 顯兄學生府君 神位 / 顯兄嫂孺人 金海金氏 神位 (현형학생부군 신위 / 현형수유인 김해김씨 신위) |
| 동생(弟) | 亡弟 成一(이름) 神位 (망제 성일 신위) |
| 자식(子息) | 亡子秀才 永植(이름) 之靈 (망자수재 영식 지령) |

● 지방 쓰는 법에서 고조부모에서 아내까지는 □ 속의 본관과 성씨만 바꿔 쓰면 되고 나머지도 □ 부분만 바꿔 쓰면 됩니다.

**참고** 顯(현) : 돌아가신 분에 대한 경칭. 妣(비) : 돌아가신 어머니. 孺人(유인) : 아내의 신주에 쓰는 존칭. 神位(신위) : 영혼이 의지할 자리. 考(고) : 돌아가신 아버지. 學生(학생) : 죽은 사람의 존칭. 府君(부군) : 남자 조상의 존칭. 亡弟(망제) : 죽은 아우. 亡子(망자) : 죽은 자식. 秀才(수재) : 미혼 남자 높임 말. 辟(벽) : 남편제벽. 室(실) : 아내.

## 漢字熟語

苛斂誅求(가렴주구) 세금을 가혹하게 거두어 들이고, 무리하게 재물을 빼앗음.
刻骨難忘(각골난망) 은혜에 대한 고마운 마음이 뼈에 사무쳐 잊혀지지 않음.
刻舟求劍(각주구검) 세상일에 어둡고 융통성이 없음. 초나라의 사람이 배를 타고 가던 중 놈에 지녔던 칼 한자루를 물 속에 떨어뜨렸는데, 갈길이 바빠 주머니에서 작은 칼을 꺼내어 칼이 떨어진 뱃전에다 표를 해놓았다. 배의 이동을 모르고 뱃전의 표시만 믿고 칼을 찾으려 했다는 고사에서 유래.
艱難辛苦(간난신고) 갖은 고초를 겪어 몹시 고되고 괴로움.
肝膽相照(간담상조) 간과 쓸개를 서로 보임. 즉 서로의 마음이 알려서 통함.
間於齊楚(간어제초) 약자가 강자들의 틈에 끼이어 괴로움을 받음을 이르는 말.-중국의 등(滕)나라가 제(齊)·초(楚) 두 나라 사이에 끼어 괴로움을 당한 데서 유래한 말.
甘言利說(감언이설) 남의 비위에 맞도록 꾸미거나 이로운 조건을 들어 그럴 듯하게 꾀는 달콤한 말.
甘呑苦吐(감탄고토) 달면 삼키고 쓰면 뱉는다는 뜻. 신의를 돌아보지 않고 이익을 꾀함.
甲男乙女(갑남을녀) 갑이라는 남자와 을이라는 여자란 뜻. 그저 평범한 사람들을 이르는 말.
康衢煙月(강구연월) 태평한 시대의 평화로운 풍경이나 세월.
改過遷善(개과천선) 과거의 허물을 고치고 착하게 됨.
去頭截尾(거두절미) 머리와 꼬리를 자름. 즉, 원인과 결과를 빼고 사실의 줄거리만 말함.
居安思危(거안사위) 편안하게 살면서도 항상 위험할 때를 생각함.
去者日疎(거자일소) 죽어서 이 세상을 떠나면 날이 갈수록 점점 서로의 정이 멀어진다는 뜻.
車載斗量(거재두량) 물건을 수레에 싣고 말로 헤아린다는 뜻. 물건이나 인재 등이 흔함을 비유한 말.
乾坤一擲(건곤일척) 운명과 흥망을 걸고 전력을 다하여 승부나 성패를 겨룸.
隔靴搔癢(격화소양) 신을 신고 발바닥 긁기. 즉, 일을 하느라고 애는 쓰지만 실제의 효과는 얻지 못함.
牽强附會(견강부회) 억지로 끌어대기. 즉, 이치에도 맞지 않는 말을 끌어 대어서 억지로 맞춤.
見利思義(견리사의) 이익이 있을 때 의리를 생각함. 즉, 이익이 생기면 의리에 맞는지를 생각해야 함.
見物生心(견물생심) 실물을 보면 욕심이 생김.
見危授命(견위수명) 나라가 위태롭게 되면 목숨을 아끼지 않고 나라를 위하여 바침.
堅忍不拔(견인불발) 굳게 참아 마음이 흔들리지 아니함.
結者解之(결자해지) 맺은 사람이 풀어야 한다는 뜻. 자기가 저지른 일은 자기가 해결해야 한다는 말.
結草報恩(결초보은) 죽어 혼령이 되어서라도 은혜를 잊지·않고 갚음. 진(晋)나라때 위무자(魏武子)라는 사람이 아들 위과에게 이르기를 아비가 죽거든 아기를 낳아 보지 못한 서모(庶母)를 개가(改嫁)시키라고 일러놓고 막상 죽을 임시에는 반대로 순장(殉葬)시킬 것을 아들 과(顆)에 명하자 아들 과는 평소 무자가 분부하던 뜻대로 서모를 살려 개가시켰는데 후에 과가 군대를 이끌고 전쟁에 나가 진(秦)의 군대와 결전을 벌이게 되었다. 그때 마침 서모의 아버지의 죽은 넋이 적군의 앞길에 무성하게 자란 풀을 잡아 매어 적군이 걸려 넘어지게 하여 전쟁을 승리로 이끌었다는 고사.
兼人之勇(겸인지용) 혼자서 몇 사람을 당해낼 정도의 용기.
輕擧妄動(경거망동) 경솔하고 분수없이 행동함.
傾國之色(경국지색) 나라 안에서 제일가는 미인. 곧, 임금이 반하여 나라가 뒤집혀도 모를 만한 미인.
耕當問奴(경당문노) 농사 일은 머슴에게 물어야 한다는 뜻. 그 부문의 전문가에게 물음이 옳다는 뜻.
耕山釣水(경산조수) 산에 가 밭을 갈고 물에서 낚시질을 함. 즉, 속세를 떠나 자연을 벗삼아 생활함.
敬而遠之(경이원지) 겉으로는 공경하는 척하면서 실제로는 싫거나 두려워 멀리함.
輕佻浮薄(경조부박) 사람됨이 가벼워 말과 행동에 무게가 없음.
經天緯地(경천위지) 하늘을 다스리고 땅을 다스림. 즉, 온 천하를 경륜하여 다스림.
鷄卵有骨(계란유골) 계란에도 뼈가 있음. 즉, 늘 일이 잘 안 되는 사람이 모처럼 좋은 기회를 만났으나 역시 잘 안 됨을 비유하여 이르는 말.

鷄鳴狗盜(계명구도)  사대부(士大夫)가 가져서는 아니 될 천한 재주를 가진 사람, 또는 떠돌이 인생.
呱呱之聲(고고지성)  아이가 세상에 나오면서 처음 우는 소리.
孤軍奮鬪(고군분투)  ①수가 적고 도움이 없는 약한 군대가 강한 적과 용감하게 싸움. ②적은 인원과 약한 힘으로 남의 도움 없이 힘에 겨운 일을 해냄.
膏粱珍味(고량진미)  기름지고 맛있는 음식.
高麗公事三日(고려공사삼일)  고려의 정책, 법령은 사흘돌이로 바뀜. 즉, 시작한 일이 자주 바뀜을 비유.
鼓腹擊壤(고복격양)  태평 성세를 즐기며 안락하게 산다는 뜻.—중국 요(堯)임금 때 백성들이 배불리 먹고 배를 두드리고 땅을 치며 태평을 노래한 놀이를 하면서 요(堯)임금의 덕을 칭송하고 태평 성세를 즐겼다는 고사에서 유래한 말.
孤城落日(고성낙일)  남의 도움을 받지 못하는 몹시 고립된 상태의 비유.
苦肉之策(고육지책)  적을 속이고 수단으로써 제 몸 괴롭히는 것을 돌보지 않는 계책.
孤掌難鳴(고장난명)  외손뼉이 울리랴? 즉, 상대자가 응해야지 혼자로선 일이 이루어지지 않음. 또는 혼자서는 싸움이 되지 않음을 비유하는 말.
苦盡甘來(고진감래)  쓴 것이 다하면 단 것이 옴. 고생을 다하면 즐거움이 온다는 말.
孤枕單衾(고침단금)  외로운 베개와 이불. 즉, 홀로 쓸쓸하게 자는 여자의 이부자리라는 말.
曲學阿世(곡학아세)  진리에 벗어난 학문으로 세상 사람들에게 아부하는 것.
骨肉相爭(골육상쟁)  뼈와 살이 서로 싸운다는 뜻. 즉, 동족끼리 서로 싸움을 비유하는 말.
空中樓閣(공중누각)  공중에 누각을 짓는 것처럼 사물의 기초가 견고하지 못함을 비유하는 말.
誇大妄想(과대망상)  턱없이 과장하여 평가하는 망상. 정신 분열증 등에 나타나는 증상.
過猶不及(과유불급)  모든 사물이 정도를 지나치면 도리어 안한 것만 못함.
瓜田不納履(과전불납리)  오이 밭에서 신을 고쳐 신지 말라는 뜻. 즉, 오해받기 쉬운 일을 하지 말라는 말.
管鮑之交(관포지교)  가난과 신분의 높낮이를 가리지 않고 친하게 사귀는 교제를 말함.
刮目相對(괄목상대)  남의 학식이나 재주가 현저히 높아진 것을 경탄하여 눈을 비비고 자세히 본다는 뜻.
矯角殺牛(교각살우)  뿔을 바로 잡으려다 소를 죽임. 즉, 조그만 일을 고치려다 큰 일을 저지른다는 말.
巧言令色(교언영색)  교묘한 말과 아첨하는 얼굴빛. 즉, 아첨하는 언행을 이름.
膠柱鼓瑟(교주고슬)  비파나 거문고의 기러기발을 아교로 붙여 놓으면 음조를 바꾸지 못하여 한 가지 소리밖에 내지 못하듯이 고지식하여 융통성이 없음을 가리킴.
交淺言深(교천언심)  사귄지는 얼마 안되지만 자기 속을 털어 내어 이야기함.
九曲肝腸(구곡간장)  굽이굽이 서린 창자란 뜻. 굽이굽이 사무친 마음속.
狗尾續貂(구미속초)  담비의 꼬리가 모자라 개꼬리를 잇는다는 뜻. 훌륭한 것에 보잘것없는 것이 이음.
口蜜腹劍(구밀복검)  입 속에는 꿀을 담고 뱃속에는 칼을 지녔다는 뜻. 겉으로는 친절하나 마음속으로는 해칠 생각을 품었음.
九死一生(구사일생)  여러 번 죽을 고비를 겪고 겨우 살아남.
口尙乳臭(구상유취)  입에서 아직 젖내가 남. 즉, 말이나 행동이 유치함을 이름.
九牛一毛(구우일모)  아홉 마리 소에 한 가닥의 털. 즉, 많은것 가운데서 극히 적은 것.
九折羊腸(구절양장)  아홉번 꺾인 양의 창자. 즉, 꼬불꼬불한 험한 산길. 세상살이가 어렵다는 뜻.
群鷄一鶴(군계일학)  뭇 닭 가운데 한 마리의 학. 즉, 평범한 여럿 가운데 홀로 뛰어난 사람.
權謀術數(권모술수)  목적 달성을 위해서는 수단과 방법을 가리지 않고 남을 속이는 술책.
權不十年(권불십년)  권세는 십 년을 넘지 못함. 즉, 권세는 오래가지 못한다는 말.
勸善懲惡(권선징악)  착한 것을 권장하고 악한 것을 징계한다는 뜻.
捲土重來(권토중래)  한 번 패한 자가 세력을 회복하여 다시 쳐들어옴.
克己復禮(극기복례)  제 욕심을 누르고 예의 범절을 따름.
近墨者黑(근묵자흑)  먹을 가까이 하면 검은 물이 묻기 쉬움. 즉, 나쁜 사람과 가까이 하면 물들기 쉬움.
金科玉條(금과옥조)  금이나 옥과 같은 과조. 즉, 아주 귀중한 법칙이나 규정.

錦上添花(금상첨화)　비단 위에 꽃을 더함. 즉, 잘된 위에 또 잘됨.
今昔之感(금석지감)　현재와 과거를 비교할 때 그 차이가 심함을 보고 느끼는 정.
金城鐵壁(금성철벽)　방비가 매우 튼튼한 성지.
錦衣夜行(금의야행)　비단 옷 입고 밤길 걷기. 즉, 성공했어도 그 보람이 없음을 말함.
錦衣還鄕(금의환향)　성공하여 제 고향으로 돌아옴.
金枝玉葉(금지옥엽)　금으로 된 가지와 옥으로 된 잎. 즉, 임금의 집안과 자손을 높이어 이르는 말.
騎虎之勢(기호지세)　범을 타고 달리는 형세라는 뜻. 시작한 일을 중도에서 그만둘 수 없음을 이름.
難兄難弟(난형난제)　형인가 아우인가 분간하기 어려움. 즉, 두 사물이 서로 엇비슷하여 우열을 분간하기 어렵다는 말.
南柯一夢(남가일몽)　꿈같이 지나간 한 때의 부귀나 영화.—중국 당나라 정원 7년 9월에 순우분(淳于棼)이란 사람이 취중에 느티나무 밑에서 잠을 자다 꿈속에서 남가군의 장관이 되어 이십 년 동안의 영화를 누렸는데, 그곳이 개미의 집이더라는 고사에서 유래된 말.
南橘北枳(남귤북지)　강남(江南)의 귤을 강북에 옮겨 심으면 탱자나무로 변한다는 뜻. 사람은 환경에 따라 착하게도 되고 악하게도 된다는 뜻. 강남은 중국의 양자강 남쪽을 가리킴.
南大門入納(남대문입납)　주소도 모르는 채 집을 찾음. 또는 주소불명 편지.
男負女戴(남부여대)　남자는 지고 여자는 머리에 인다는 뜻. 가난한 사람이 살 곳을 찾아 떠돌아 다님을 이르는 말.
囊中之錐(낭중지추)　주머니 속의 송곳. 재능이 뛰어난 사람은 세상으로부터 피해 있어도 자연히 사람들에게 알려지게 됨을 이르는 말.
內憂外患(내우외환)　내부적인 근심과 외부적인 걱정. 나라 안팎의 근심 걱정.
路柳墻花(노류장화)　누구라도 꺾을 수 있는 길가의 버들과 담 밑의 꽃. 즉, 창부를 가리키는 말.
勞心焦思(노심초사)　마음으로 애쓰면서 속을 태움.
綠陰芳草(녹음방초)　푸른 나무 그늘과 꽃다운 풀이란 뜻. 주로 여름철의 자연 경치를 이름.
綠衣紅裳(녹의홍상)　연두색 저고리와 다홍치마. 곱게 치장한 여인의 복색.
多岐亡羊(다기망양)　갈림길이 많아 찾는 양을 결국 잃고 말았다는 뜻. 즉, 학문의 길이 너무 다방면으로 갈리어 진리를 찾기 어려움.
多多益善(다다익선)　많을수록 더욱더 좋음.—한(漢)나라 고조(高祖) 유방이 회음 사람인 한신(韓信)에게 내가 몇만 명의 군사를 거느릴 수 있는 장군으로 보는가라고 물으니 10만 정도는 거느릴 것입니다라고하였다. 그러면 귀공은 몇 명을 거느릴 수 있는가하고 한신에게 물으니 많으면 많을수록 더욱 좋습니다라고 대답했다는 고사에서 유래한 말.
斷機之戒(단기지계)　학문을 중도에서 그만 두는 것은 마치 짜던 베를 끊어 버리는 것과 같이 아무런 공이 없다는 뜻.—중국의 맹자(孟子)가 수학(修學) 도중에 돌아왔을 때, 그 어머니가 베틀의 실을 끊어 그를 훈계하였다는 고사에서 유래된 말.
單刀直入(단도직입)　한 자루의 칼을 휘두르면서 적진으로 쳐들어간다는 뜻. 여담이나 허두를 빼고 바로 본론으로 들어감.
丹脣皓齒(단순호치)　붉은 입술과 흰 이. 즉, 여자의 아름다운 얼굴.
堂狗風月(당구풍월)　서당 개 삼 년에 풍월한다. 비록 무식한 사람이라도 유식한 사람과 같이 있으면 감화를 받는다는 말.
螳螂拒轍(당랑거철)　미약한 자가 자기 분수도 모르고 무모하게 덤빔.—제(齊)나라 장공(莊公)이 사냥을 나가는데, 버마재비가 앞발을 들고 수레바퀴를 멈추려 해서 마차를 되돌려 비켜갔다는 고사.
大器晩成(대기만성)　큰 솥이나 큰 종 같은 것을 만드는 데는 오랜 시간이 걸리듯이 사람도 크게 될 사람은 늦게 이루어진다는 뜻.
大義名分(대의명분)　사람으로서 당연히 지켜야 할 도리나 본분.
徒勞無功(도로무공)　헛되게 애만 쓰고 아무런 보람이 없음.

道聽塗說(도청도설) 거리에 떠돌아다니는 뜬 소문.
讀書百遍意自見(독서백편의자현) 독서 백편이면 뜻이 절로 통함. 여러 번 되풀이하여 책을 읽으면 뜻을 저절로 알게 됨.
堗不燃不生煙(돌불연불생연) 아니 땐 굴뚝에 연기 날까. 즉, 어떤 소문이 날 때는 반드시 그런 소문이 날 만한 원인이 있다는 뜻.
同價紅裳(동가홍상) 같은 값이면 다홍치마란 말.
東問西答(동문서답) 동쪽 물음에 서쪽 답을 함. 즉, 묻는 말에 모순된 대답을 함.
同病相憐(동병상련) 같은 병을 가진 사람끼리 서로 가엾게 여김. 즉, 어려운 처지에 있는 사람끼리 서로 동정한다는 뜻.
東奔西走(동분서주) 동서로 분주함. 즉, 이리저리 바쁘게 돌아다님.
同床異夢(동상이몽) 같은 잠자리에서 다른 꿈을 꿈. 겉으로는 같이 행동하면서 속으로는 생각을 달리함.
杜門不出(두문불출) 문을 닫아 걸고 나서지 않음. 즉, 집에만 있고 밖에 나가지 않음.
登高自卑(등고자비) 높은 곳에 오르려면 낮은 곳에서부터 시작해야 함. 곧, 모든 일은 순서를 밟아야 함.
登龍門(등용문) 뜻을 이루어 영달하게 되는 길.
燈下不明(등하불명) 등잔 밑이 어두움. 즉, 가까이 있는 것을 도리어 잘 모름.
燈火可親(등화가친) 가을이 되어 서늘하면 밤에 등불을 가까이 하여 글 읽기에 좋다는 뜻.
馬耳東風(마이동풍) 말 귀에 봄바람. 즉, 남의 비평이나 의견을 귀담아 듣지 않음.
馬行處牛亦去(마행처우역거) 말 가는 데 소도 간다. 즉, 약간의 차이는 있을 수 있으나 사람이 하는 일이라면 어떤 사람도 노력만 하면 할 수 있다는 뜻.
莫逆之友(막역지우) 서로 뜻이 맞는 극히 친밀한 벗.
萬頃蒼波(만경창파) 한없이 넓고 푸른 바다.
滿身瘡痍(만신창이) 온몸이 상처투성이가 됨. 즉, 아주 형편없이 엉망이 됨.
萬花方暢(만화방창) 따뜻한 봄날에 온갖 생물이 잘 자람.
亡羊補牢(망양보뢰) 양을 잃고 외양간 고친다. 즉, 일이 이미 실패한 뒤에 뉘우쳐도 무슨 소용이 있겠느냐는 뜻.
望雲之情(망운지정) 멀리 있는 자식이 부모를 그리는 정.
麥秀之歎(맥수지탄) 고국의 멸망을 한탄함.—기자(箕子)가 은(殷)나라가 망한 후에도 폐허가 된 은나라 서울을 지나면서 보리 이삭〔麥秀〕만이 무성한 것을 보고 한탄했다는 고사에서 유래한 말.
孟母三遷(맹모삼천) 맹자(孟子)의 어머니가 맹자의 교육을 위하여 세 번 이사를 한 일.—맹자의 어머니가 처음에는 공동 묘지 옆에서 살았는데 맹자가 장사지내는 흉내를 내는 것을 보고 시장 옆으로 옮겼더니, 이번에는 물건 파는 흉내를 내므로, 다시 글방 부근으로 옮겼다. 그랬더니 글 읽는 흉내를 냈다는 고사에서 유래한 말. ⑧孟母三遷之敎(맹모삼천지교)
名實相符(명실상부) 이름과 사실이 서로 부합되는 것.
明若觀火(명약관화) 불을 보는 것처럼 밝음. 즉, 더 말할 나위없이 명백함.
命在頃刻(명재경각) 목숨이 경각에 있음. 즉, 거의 죽게 되어 숨이 끊어질 지경에 이름.
毛遂自薦(모수자천) 자기가 자기를 천거함.
目不識丁(목불식정) 눈으로 보고도 '丁'자 같은 쉬운 글자를 모름. 즉, 낫 놓고 기역자도 모름.
武陵桃源(무릉도원) 세상과 따로 떨어진 별천지를 비유하는 말.
無所不至(무소부지) 이르지 아니하는 곳이 없음.
刎頸之交(문경지교) 생사를 같이 하는 친한 사귐.
物我一體(물아일체) 외물(外物)과 자아(自我), 객관과 주관 또는 물질계(物質界)와 정신계(精神界)가 한데 어울려 하나가 됨.
物外閒人(물외한인) 세상의 물정에 관여하러 들지 않고 한가롭게 지내는 사람을 이름.
尾生之信(미생지신) 융통성 없이 약속만을 굳게 지킴.—노(魯)나라의 미생(尾生)이라는 사람이 한 여자와 다리 밑에서 만나기로 약속을 하였는데, 때가 지나도 오지 않는 여자를 기다리다가 때마침 폭우가 쏟아져 물이 붙는 데도 떠나지 않고 있다가 물에 빠져 죽었다는 고사에서 유래한 말.

博而不精(박이부정) 널리 아나 정통하지 못함.
反目嫉視(반목질시) 서로 미워하고 시기함. ⓢ白眼視(백안시)
拔本塞源(발본색원) 폐단의 근원을 뽑고 막고 없앤다는 것.
拔山蓋世(발산개세) 힘은 산을 뽑고 기상은 세상을 덮음. 곧, 기력이 웅대함을 이르는 말.
背水之陣(배수지진) 적과 싸울 때 물을 등지고 치는 진. 위태함을 무릅쓰고 필사적으로 승패를 다투는 경우의 비유. ⓢ背水陣(배수진)
百年河淸(백년하청) 아무리 기다려도 성공을 기대하기 어렵다는 말. 맑아지지 않는 황하가 맑아지기를 백년을 두고 기다린다는 말.
百年偕老(백년해로) 부부가 서로 화락하여 함께 늙는 것.
百年大計(백년대계) 먼 장래를 내다보는 원대한 계획.
白衣從軍(백의종군) 벼슬이 없는 사람이 군대를 따라 전쟁터로 나감.
百折不屈(백절불굴) 여러번 꺾여도 굽히지 않는다는 뜻. 굴하지 않음.
百尺竿頭(백척간두) 백 척의 높은 장대 끝. 대단히 위태하고 어려운 지경에 이름을 이르는 말.
繁文縟禮(번문욕례) 번거롭게 형식만 차린 규칙과 예절.
夫唱婦隨(부창부수) 남편이 부르면 아내가 따르는 것. 즉, 부부 화합의 도라는 뜻.
附和雷同(부화뇌동) 일정한 주견이 없이 남의 말에 덩달아 좇음.
粉骨碎身(분골쇄신) 뼈는 가루가 되고 몸은 산산조각이 된다는 뜻. 즉, 죽음을 다해 애씀.
焚書坑儒(분서갱유) 진시황(秦始皇)이 학자들의 정치 비평을 금하기 위하여, 통치 34년의 어느날 백성들이 가지고 있던 의약(醫藥)·복술(卜術)·농경(農耕)에 관한 책만을 제외하고 모든 서적을 불태워버리고 이듬해 함양(咸陽)에서 유생 460여 명을 한 구덩이에 매장해 버린 일.
不顧廉恥(불고염치) 염치를 돌아보지 않음.
不俱戴天(불구대천) 하늘을 함께 일 수 없다는 뜻. 이 세상에서 함께 살 수 없을 만큼의 원한을 비유하여 이르는 말. ⓢ不俱〔共〕戴天之讐(불구〔공〕대천지수)
不毛之地(불모지지) 아무 식물도 자라지 못하는 메마른 땅.
不問可知(불문가지) 묻지 않아도 능히 알 수 있음.
不問曲直(불문곡직) 일의 옳고 그름을 묻지 않고 덮어놓고 마구함.
不撓不屈(불요불굴) 어려운 상황에서도 결심이 흔들리거나 굽히지 아니함.
不偏不黨(불편부당) 어느 편으로도 치우치지 않은 공평한 태도.
髀肉之嘆(비육지탄) 영웅이 말을 타고 전장에 나가지 못하여 넓적다리에 살만 찌는 것을 한탄하는 뜻. 재능을 발휘할 기회를 가지지 못하여 헛되이 세월만 보내는 일을 탄식함을 이름.
憑公營私(빙공영사) 공적(公的)인 일을 빙자하여 개인의 이익을 꾀함.
氷炭不相容(빙탄불상용) 얼음과 숯은 서로 용납되지 아니한다는 뜻. 서로 정반대가 되어 둘의 관계가 서로 용납되지 아니함을 이르는 말.
四顧無親(사고무친) 사방을 돌아보아도 친한 사람이 없음. 즉, 의지할 사람이 전혀 없다는 말.
士氣衝天(사기충천) 하늘을 찌를 듯이 사기가 높음.
四面楚歌(사면초가) 적에게 포위되어 고립된 상태. 또는 주위 사람들이 모두 자기 의견에 반대하여 고립된 경우.―초(楚)나라의 영웅 항우(項羽)가 한(漢)나라 군사에게 포위당했을 때 사면에서 초나라의 노래가 들려오는 것을 듣고 한나라가 이미 초나라를 모두 점령한 것으로 생각하고 놀랐다는 고사에서 유래한 말.
四面春風(사면춘풍) 두루 춘풍. 늘 좋은 얼굴로 남을 대하여 모두에게 호감을 삼. ⓢ八方美人(팔방미인)
沙上樓閣(사상누각) 모래 위에 지은 누각이란 뜻. 어떤 사물의 기초가 견고하지 못함을 이르는 말.
私淑諸人(사숙제인) 직접 가르침을 받지 않아도 스스로 그 사람의 덕을 본받아서 배우거나 따른 사람.

獅子吼(사자후)　사자가 욺. ① 열변을 토하는 연설. ② 부처님의 설법에 뭇 악마가 굴복하여 귀의함.
事必歸正(사필귀정)　모든 일은 결과적으로 반드시 올바른 이치대로 되기 마련.
死後藥方文(사후약방문)　죽은 뒤에 약방문을 구한다는 뜻. 즉, 이미 때가 늦었음을 이르는 말.
山紫水明(산자수명)　산빛이 붉고 흐르는 물이 맑다는 뜻. 산수의 경치가 아름다움.
山戰水戰(산전수전)　산에서 또는 물에서의 싸움을 다 겪음. 세상의 온갖 일에 경험이 많은 것.
山海珍味(산해진미)　산과 바다의 진귀한 맛. 곧, 온갖 산물을 다 갖추어 차린 맛좋은 음식.
殺身成人(살신성인)　자기 몸을 희생하여 인(仁)을 이룸. 즉, 목숨을 바치어 인(仁)의 덕을 다함.
三綱五倫(삼강오륜)　삼강과 오륜. '三綱'은 도덕에 있어서 바탕이 되는 세 가지 벼리. 임금과 신하·어버이와 자식·남편과 아내 사이에 마땅히 지켜야 할 도리로서 곧, 군위신강(君爲臣綱)·부위자강(父爲子綱)·부위부강(夫爲婦綱). '五倫'은 군신사이의 의리·부자 사이의 친애·부부 사이의 분별·어른과 어린이 사이의 차례·친구 사이의 신의를 지켜야 할 다섯 가지의 도리로서 곧, 군신유의(君臣有義)·부자유친(父子有親)·부부유별(夫婦有別)·장유유서(長幼有序)·붕우유신(朋友有信)을 이름.
三顧草廬(삼고초려)　숨어 사는 사람을 세 번이나 임금이 방문한다는 뜻. 인재를 맞아들이기 위하여 자신을 낮추고 참을성 있게 노력한다는 뜻.─중국 촉한(蜀漢)의 임금 유비가 제갈양의 초옥을 세 번이나 찾아가 군사(軍師)로 삼은 고사에서 유래한 말.
三十六計(삼십육계)　형편이 불리할 때는 도망치는 것이 제일이라는 뜻으로 뺑소니 침을 이름.
三人成虎(삼인성호)　세 사람이 짜면 범이 거리에 나왔다는 거짓말도 할 수 있다는 뜻.─근거없는 말이라도 여러 사람이 말하면 곧이 듣는다는 뜻.
喪家之狗(상가지구)　초상집 개. 초라한 모양으로 이곳저곳 기웃거리며 얻어 먹을 것만 찾아다니는 사람을 놀려서 하는 말.
傷弓之鳥(상궁지조)　화살에 상처를 입은 새. 한 번 혼이 나면 항상 의심과 두려운 마음을 품는 일.
桑田碧海(상전벽해)　뽕나무밭이 푸른 바다가 된다는 뜻. 세상의 모든 일이 덧없이 변했음을 이르는 말.
上濁下不淨(상탁하부정)　윗물이 흐리면 아랫물도 깨끗하지 못하다는 뜻. 즉, 윗사람이 부패하면 아랫사람도 그렇게 되기 마련이라는 말.
上下撐石(상하탱석)　윗돌 빼서 아랫돌 괴고, 아랫돌 빼서 윗돌을 굄. 즉, 일이 급할 때 임시 변통으로 이리저리 둘러 맞춤.
塞翁之馬(새옹지마)　사람의 길흉 화복은 늘 바뀌어 예측하기 어렵다는 말.─변방〔塞〕에 사는 한 늙은이가 기르던 말이 달아났다가 얼마 뒤에 그 말이 한 필의 준마(駿馬)를 데리고 돌아왔는데, 그 아들이 그 말을 타다가 떨어져 한쪽 다리가 부러졌다. 때마침 난리가 일어나 젊은 장정들은 모두 전장에 끌려나가 죽었으나 새옹의 아들은 한쪽 다리를 잃은 불구라 목숨을 보전하였다는 고사에서 유래.
生者必滅(생자필멸)　이 세상에 생명이 있는 것은 반드시 죽을 때가 있음.
仙風道骨(선풍도골)　신선의 풍채와 도사의 골격. 즉, 보통 사람보다 풍채가 뛰어난 사람.
雪上加霜(설상가상)　눈 위에 서리를 더함. 엎친 데 덮치기.
束手無策(속수무책)　손을 묶인 듯이 어찌할 도리가 없어 꼼짝 못함.
送舊迎新(송구영신)　묵은 해를 보내고 새해를 맞음.
宋襄之仁(송양지인)　너무 착하기만 하여 실속이 없음을 이름.
首邱初心(수구초심)　여우도 죽을 때는 자기가 살던 굴 쪽으로 머리를 향한다는 뜻. 고향을 그리워하는 마음을 비유한 말.
手不釋卷(수불석권)　손에서 책을 놓지 않음. 곧, 늘 글을 읽음.
首鼠兩端(수서양단)　구멍에서 머리만 내밀고 이리저리 엿보는 쥐. 즉, 어찌할 바를 몰라 자기의 행방을 결정짓지 못하는 상태.
水魚之交(수어지교)　물과 고기가 떨어질 수 없듯이 아주 친밀한 사이.─한(漢)나라의 유비(劉備)가 말하기를 내게 제갈 공명이 있는 것은 물고기가 물 속에 있는 것과 같다고 하였다는 고사에서 유래.
誰怨誰咎(수원수구)　누구를 원망하고 누구를 탓하랴. 즉, 남을 원망하거나 탓할 수 없다는 말.

守株待兎(수주대토)  나무그루 밑에서 토끼가 오면 잡으려고 기다린다는 뜻. 즉, 융통성이 없어 변통할 줄을 모르고 굳게 지키기만 함.—송(宋)나라의 어느 둔한 농부가 밭을 갈다가 토끼가 나무 그루에 부딪쳐 목이 부러져 죽는 것을 보고 그는 농사짓는 일을 그만 두고 나무 그루만 지키면서 토끼가 걸려 죽기를 기다렸다는 고사에서 유래된 말.
誰知烏之雌雄(수지오지자웅)  누가 까마귀의 암수를 알 것이냐라는 말. 즉, 두 사람의 옳고 그름을 판단하기 어렵다는 뜻.
脣亡齒寒(순망치한)  입술이 없으면 이가 시리다. 즉, 서로 의지하는 사이에 하나를 잃으면 하나가 온전치 못하단 말.
升斗之利(승두지리)  한 되 한 말의 이익. 곧, 대수롭지 않은 이익.
尸位素餐(시위소찬)  직책은 다하지 않고 자리만 차지하여 녹만 받아먹는 것.
食少事煩(식소사번)  먹을 것은 적은 데 할 일만 많음.
識字憂患(식자우환)  학식이 있는 것이 도리어 근심을 사게 된다는 말.
信賞必罰(신상필벌)  상을 줄 만한 사람에게는 반드시 상을 주고, 벌을 줄 만한 사람에게는 반드시 벌을 줌. 즉, 상벌을 공정하게 함.
身言書判(신언서판)  인물을 선택하는 표준으로 삼던 네 가지 조건. 즉, 태도, 말씨, 글씨, 판단력을 가리키는 말.
神出鬼沒(신출귀몰)  귀신이 출몰하듯 자유 자재로 출몰하여 그 소재를 확인할 수 없음의 비유.
深思熟考(심사숙고)  깊이 생각하고 익히 고찰함. 즉, 신중히 생각함.
十年知己(십년지기)  오래 전부터 사귀어 온 친구.
十盲一杖(십맹일장)  열 명의 소경에 하나의 막대기라는 뜻으로 여러 곳에 요긴하게 쓰이는 물건의 비유.
十目所視(십목소시)  여러 사람이 다 같이 보고 있다는 뜻. 즉, 세상 사람을 속일 수 없음을 가리키는 말.
十匙一飯(십시일반)  열 술이면 한 그릇 밥. 즉, 여럿이 조금씩 힘을 모으면 한 사람을 구할 수 있다는 말.
阿鼻叫喚(아비규환)  아비 지옥과 규환 지옥. 즉 지옥같은 고통으로 울부짖는 참상.
阿諛苟容(아유구용)  남에게 아첨하며 구차하게 행동함.
我田引水(아전인수)  내 논에 물대기. 즉, 자기에게만 유리하도록 함.
眼高手卑(안고수비)  눈은 높으나 손은 낮음. 즉, 이상은 높으나 재주가 따르지 못함.
眼下無人(안하무인)  눈 아래 사람이 없음. 즉, 방자하고 교만하여 사람을 얕잡아 봄.
愛人如己(애인여기)  남을 사랑하기를 자기 몸같이 함.
羊頭狗肉(양두구육)  양의 머리를 내세우고는 개고기를 팖. 즉, 외면은 훌륭하나 속은 음흉한 것을 가리킴.
梁上君子(양상군자)  들보 위에 숨어 있는 도둑. 도둑을 말함.
養虎遺患(양호유환)  범을 길러 우환거리를 남김. 즉, 화근을 길러 근심을 사는 것을 말함.
魚頭肉尾(어두육미)  물고기는 머리, 짐승의 고기는 꼬리가 맛이 좋음을 이르는 말.
魚魯不辨(어로불변)  '魚'자와 '魯'자를 구별하지 못한다는 뜻. 매우 무식함을 이르는 말.
漁父之利(어부지리)  조개와 황새가 서로 싸우는 바람에 어부가 둘 다 잡아 이익을 보았다는 뜻. 두 사람이 이해 관계로 서로 다투는 사이에 제삼자가 이익 봄을 이름.—옛날 소대(蘇代)라는 사람이 조(趙)나라 혜왕(惠王)에게 역수(易水)를 건너다 보니 조개가 입을 벌리고 있는데, 도요새가 쪼자 조개가 오무려 부리를 놓지 않자 어부는 한번에 둘을 다 잡았다는 고사에서 유래한 말.
語不成說(어불성설)  말이 사리에 맞지 아니함. 말이 안됨.
抑强扶弱(억강부약)  강자를 누르고 약자를 도와 줌.
億兆蒼生(억조창생)  수많은 백성. 수많은 세상의 모든 사람.
言語道斷(언어도단)  말문이 막힌다는 뜻. 어이가 없어 할말이 없다는 뜻.
言中有骨(언중유골)  말 속에 뼈가 있음. 곧, 말은 순한 듯하나 속뜻은 상대를 비꼬거나 헐뜯는다는 뜻.
言則是也(언즉시야)  말하는 것은 사리에 맞고 옳음.
如履薄氷(여리박빙)  엷은 얼음을 밟는 것과 같음. 즉, 처세에 극히 조심함을 이르는 말.

與世推移(여세추이)   세상이 변하는 대로 함께 따라 변하는 일.
易地思之(역지사지)   처지를 바꾸어서 생각함.
緣木求魚(연목구어)   나무에 올라가서 물고기를 구한다는 뜻으로, 안될 일을 무리하게 하려 한다는 말.
榮枯盛衰(영고성쇠)   사물의 성쇠가 서로 뒤바뀜을 이르는 말.
五里霧中(오리무중)   오 리에 걸쳐 낀 안개 속에 있다는 뜻. 무슨 일에 대하여 갈피를 못잡고 알 길이 없음의 비유.
傲慢無道(오만무도)   태도가 오만하여 도의를 돌보지 아니함.
寤寐不忘(오매불망)   자나깨나 잊지 못함.
吾鼻三尺(오비삼척)   내 코가 석 자. 곧, 자기 사정이 급하여 남을 도울 겨를이 없다는 뜻.
烏飛梨落(오비이락)   까마귀 날자 배 떨어진다. 즉, 어떤 행동을 하자 그 결과인 듯한 억울한 혐의를 받거나 난처한 입장에 서게 됨.
五十步百步(오십보백보)   정도의 차이는 있으나 본질적으로는 차이가 없다는 뜻. 백보를 후퇴한 사람이나 오십 보를 후퇴한 사람이나 도망간 것에는 차이가 없다는 맹자의 말.
吳越同舟(오월동주)   사이가 나쁜 사람끼리 같은 처지나 한 자리에 있게 됨. 또 사이가 나쁜 처지일지라도 필요한 경우에는 협력한다는 뜻.—중국 춘추 전국시대의 오왕(吳王) 부차(夫差)와 월왕(越王) 구천(句踐)이 항상 원수의 사이로 지내며 오랫동안 싸웠다는 고사에서 유래한 말.
烏合之卒(오합지졸)   까마귀가 모인 것처럼 질서가 없이 모이는 일. 임시로 조직 없이 모여든 무리.
玉石俱焚(옥석구분)   옥과 돌이 함께 불에 탐. 즉, 선악의 구별 없이 함께 멸망함을 비유하는 말.
溫故知新(온고지신)   옛 것을 익히고 그것을 미루어서 새로운 것을 앎.
臥薪嘗膽(와신상담)   원수를 갚으려고 온갖 고초를 참고 견딤의 비유.—중국의 오왕(吾王) 부차(夫差)가 섶나무 위에서 자면서 아비를 죽인 월왕(越王) 구천(句踐)에게 복수를 맹세하였고, 또 구천이 쓸개를 핥으면서 부차에 대한 복수심을 잊지 않았다는 고사에서 유래한 말.
樂山樂水(요산요수)   산과 물을 좋아함. 곧, 산수의 경치를 좋아함을 이름.
燎原之火(요원지화)   넓은 벌판의 불길이란 뜻. 즉, 미처 악을 막을 사이 없이 퍼지는 세력을 비유하는 말.
窈窕淑女(요조숙녀)   정숙하고 자태가 아름다운 여자.
龍頭蛇尾(용두사미)   용의 머리에 뱀의 꼬리. 즉, 처음엔 그럴듯 하다가 종말이 흐지부지 한 것.
龍味鳳湯(용미봉탕)   맛이 아주 좋은 음식을 이르는 말.
龍蛇飛騰(용사비등)   용과 뱀이 하늘로 날아 오름. 매우 활기 있게 잘 쓴 글씨.
優柔不斷(우유부단)   망설이기만 하고 결단을 내리지 못함.
雨後竹筍(우후죽순)   비 온 뒤에 죽순이 많이 솟는 것처럼 어떤 일이 일시에 많이 일어나는 것.
遠交近攻(원교근공)   먼 나라와 사귀고 가까운 나라를 공략함.
遠禍召福(원화소복)   화를 멀리하고 복을 불러 들임.
越鳥巢南枝(월조소남지)   월(越)나라 새는 남쪽으로 뻗은 가지에 둥우리를 만든다는 뜻. 고향을 그리워함을 비유하는 말.
危機一髮(위기일발)   위급함이 매우 절박한 순간.
韋編三絶(위편삼절)   책을 매우 많이 읽음.—공자(孔子)가 주역(周易)을 너무 읽어 그 책의 가죽끈이 세 번이나 끊어졌다는 고사에서 유래한 말.
類萬不同(유만부동)   ① 비슷한 것이 많기는 하지만 서로 달라 같지 않음. ② 분수에 맞지 아니함.
流芳百世(유방백세)   꽃다운 이름이 후세에 오래 남음.
類類相從(유유상종)   같은 무리끼리 서로 내왕하며 사귐.
吟風弄月(음풍농월)   맑은 바람과 밝은 달에 대한 시를 읊고 즐거이 놂.
疑心生暗鬼(의심생암귀)   마음에 의심하는 바가 있으면 여러 가지 망상(妄想)이 생김.
吏非吏(이비리)   관리로서 관리다운 행위를 하지 않음.
以死爲限(이사위한)   죽음을 각오하고 일을 한다는 말.

以心傳心(이심전심)　말이나 글로 전하지 않고, 마음에서 마음으로 전함.
二律背反(이율배반)　서로 모순되는 두 가지의 명제. 즉, 정립과 반립이 동등한 권리로 주장되는 일.
李下不整冠(이하부정관)　오얏나무 밑에서 갓을 고쳐 쓰지 아니한다는 뜻. 즉, 남에게 의심받을 일은 하지 말라는 말. ⓑ瓜田不納履(과전불납리)
一刻千金(일각천금)　극히 짧은 시각도 천금과 같이 귀중하다는 뜻.
一擧手一投足(일거수일투족)　손을 한 번 들고 발을 한 번 옮겨 놓는다는 뜻. 즉, 조그만 일에 이르기까지의 동작.
一擧兩得(일거양득)　한 가지 일을 하여 두 가지의 이득을 봄. ⓑ一石二鳥(일석이조)
日居月諸(일거월저)　쉬지 않고 가는 세월. ⓑ居諸(거저)
一騎當千(일기당천)　혼자서 천 사람을 당한다는 뜻. 즉, 무예나 능력이 아주 뛰어남의 비유.
一己之慾(일기지욕)　자기 한 사람의 욕심.
一網打盡(일망타진)　한 번 그물을 쳐서 많은 물고기를 모두 잡는다는 뜻. 즉, 어떤 무리를 한꺼번에 모조리 다 잡음.
一脈相通(일맥상통)　어떠한 점에서 한 가지로 서로 통함.
一鳴驚人(일명경인)　한 번 분기(奮起)하면 사람을 놀라게 할 정도의 일을 한다는 뜻.―중국 전국시대의 제(齊)나라 순우곤(淳于髡)이 새를 빌어 위왕(威王)에게 정사를 보살피게 했다는 고사에서 유래한 말.
一目瞭然(일목요연)　한 번 보아도 금방 알 수 있듯이 환하고 뚜렷함.
一絲不亂(일사불란)　질서나 체계가 정연하여 조금도 어지러운 데가 없음.
一瀉千里(일사천리)　물이 거침없이 흘러 천 리를 간다는 뜻. 어떤 일이 거침없이 한 번에 진행되는 것.
一視同仁(일시동인)　모두를 차별없이 평등하게 보아 똑같이 사랑함.
一魚濁水(일어탁수)　한 마리 물고기가 온 물을 흐리게 한다는 뜻. 즉, 한 사람의 잘못으로 여러 사람이 그 피해를 당하게 됨을 이르는 말.
一言以蔽之(일언이폐지)　한 마디의 말로 전체의 뜻을 나타냄.
一言之下(일언지하)　한 마디 말로 끊음. 한 마디로 잘라 말함.
一日三秋(일일삼추)　하루가 삼 년 같다는 뜻. 즉, 몹시 지루하거나 간절한 기다림의 비유.
一朝一夕(일조일석)　하루 아침이나 하루 저녁이란 뜻. 즉, 짧은 시간.
一觸卽發(일촉즉발)　한 번 스치기만 하여도 곧 폭발한다는 뜻. 즉, 조그만 일로도 터질 수 있는 아슬아슬한 상태에 놓여 있음을 이르는 말.
一筆揮之(일필휘지)　단숨에 줄기차게 글씨를 써 내려감.
一攫千金(일확천금)　한꺼번에 많은 재물을 얻음.
臨渴掘井(임갈굴정)　목이 말라서야 우물을 팜. 곧, 미리 준비하지 않고 일이 급해서야 허둥지둥 서두름.
臨機應變(임기응변)　그때 그때의 형편에 따라 그에 알맞게 그 자리에서 처리함.
臨戰無退(임전무퇴)　전쟁에 임하여 물러서지 아니함. 세속 오계의 하나.
自家撞着(자가당착)　자기가 한 말이나 행동의 앞뒤가 모순됨. 같은 사람의 글이나 언행이 앞뒤가 서로 맞지 아니함.
自强不息(자강불식)　스스로 최선을 다하면서 쉬지 아니함.
自繩自縛(자승자박)　자기가 만든 줄로 제 몸을 옭아 묶는다는 뜻. 자기가 자기를 망침.
自畵自讚(자화자찬)　자기가 그린 그림을 자기 스스로 칭찬함. 곧, 자기가 한 일을 자기 스스로 자랑함.
作舍道傍(작사도방)　길가에 집을 지을 때 왕래하는 사람들의 의견이 많아서 잘 결정되지 않는다는 뜻. 즉, 무슨 일에 여러 사람의 의견이 달라 쉽게 결정하지 못함의 비유. '作舍道傍三年不成'의 준말.
作心三日(작심삼일)　굳게 먹은 마음이 사흘을 못 감. 즉, 결심이 굳지 못함.
張三李四(장삼이사)　장서방네 셋째 아들과 이서방네 넷째 아들이란 뜻. 특별히 신분을 일컬을 정도가 못 되는 평범한 사람.

賊反荷杖(적반하장)　도둑이 도리어 매를 든다는 뜻. 굴복해야 할 사람이 도리어 시비나 트집을 잡음.
電光石火(전광석화)　번갯불과 부싯돌의 불. 즉, 극히 짧은 시간이나 신속한 동작을 비유하는 말.
戰戰兢兢(전전긍긍)　몹시 두려워서 떨면서 조심함.
前程萬里(전정만리)　앞 길이 만 리나 멂. 곧, 나이가 젊어서 뜻을 이룰 시간적 여유가 많음.
轉禍爲福(전화위복)　화가 바뀌어 복이 됨. 즉, 언짢은 일이 계기가 되어 도리어 좋은 일이 생김.
截長補短(절장보단)　긴 것을 잘라서 짧은 것에 보태어 부족함이 없게 함. 즉, 장점으로 단점을 보충함.
切磋琢磨(절차탁마)　옥돌을 갈고 닦아서 빛을 냄. 즉, 학문과 덕행의 닦음을 가리키는 말.
頂門一針(정문일침)　정수리에 침 하나를 꽂는다는 뜻. 즉, 따끔한 충고 또는 교훈.
糟糠之妻(조강지처)　지게미와 겨를 같이 먹어온 아내. 즉, 고생을 같이 하던 아내. 본처.
操觚界(조고계)　문필가들의 사회. 신문, 잡지의 기자, 편집자, 평론가, 문필가 등의 사회.
朝令暮改(조령모개)　아침에 내린 영을 저녁에 고침. 즉, 법령이나 명령을 너무 자주 바꿈.
朝不慮夕(조불려석)　아침에 저녁 일을 헤아리지 못한다는 뜻. 당장을 걱정할 뿐, 앞일을 미리 생각할 겨를이 없음. ⑧朝不謀夕(조불모석).
朝三暮四(조삼모사)　간사한 꾀로 남을 속이어 농락함을 이르는 말.―송(宋)나라 저공(狙公)이 원숭이를 기르는데 사료를 아끼려는 마음에, 먹이를 아침에 3개 저녁에 4개 주겠다 하니 원숭이들이 화를 내다가 아침에 4개 저녁에 3개를 주겠다 하니 기뻐하였다는 우언(寓言)에서 유래한 말.
鳥足之血(조족지혈)　새 발의 피. 즉, 물건이 아주 적은 것을 가리킴.
主客顚倒(주객전도)　주인과 손이 뒤바뀜. 즉, 사물의 경중·선후·완급이 서로 바뀜.
走馬加鞭(주마가편)　달리는 말에 채찍질하기. 즉, 잘하거나 잘되도록 부추기거나 몰아침.
走馬看山(주마간산)　달리는 말 위에서 산천을 봄. 즉, 천천히 살펴 볼 여지가 없이 빠르게 지나침.
酒池肉林(주지육림)　술은 못을 이루고 고기는 숲을 이룬다는 뜻으로, 굉장하게 차린 술잔치를 이름.
竹馬故友(죽마고우)　죽마를 같이 타던 옛 벗. 즉, 어릴 때부터 같이 자란 친구. ⑧竹馬之友(죽마지우).
衆寡不敵(중과부적)　적은 숫자로 많은 수를 대적할 수 없음. ㉑寡不敵衆(과부적중).
衆口難防(중구난방)　여러 사람의 입은 막기가 어렵다는 뜻으로, 많은 사람들의 말을 다 막기 어렵다는 말.
指鹿爲馬(지록위마)　윗사람을 농락하여 권세를 마음대로 휘두름. 또는 모순된 것을 끝까지 우겨 남을 속이려는 것.―진(秦)나라의 조고(趙高)가 나이 어린 이세 황제(二世皇帝)의 권력을 농락해 보려고 일부러 사슴을 말이라고 속인 고사에서 유래한 말.
支離滅裂(지리멸렬)　갈가리 찢기고 마구 흩어져 갈피를 잡을 수 없음.
至誠感天(지성감천)　정성이 지극하면 하늘도 감동함. 곧, 어떤 일을 정성껏 하면 좋은 결과를 맺음.
盡人事待天命(진인사대천명)　사람으로서 할 수 있는 일을 다하고 나서 천명을 기다림.
進退兩難(진퇴양난)　나아가지도 물러서지도 못하는 어려움. 입장이 난처함.
進退維谷(진퇴유곡)　나아갈 길도 물러설 길도 없어 궁지에 몰림. 오도 가도 못함.
滄海一粟(창해일속)　넓은 바다에 한 알의 좁쌀. 즉, 아주 큰 물건속에 있는 아주 작은 물건. ㉑大海一滴(대해일적)
千慮一得(천려일득)　어리석은 사람이라도 많은 생각 가운데는 한 가지쯤 쓸만한 것이 있다는 말.
天方地軸(천방지축)　너무 급하여 방향을 잡지 못하고 허둥지둥 내닫는 모양. 못난 사람이 주책없이 덤벙댐.
泉石膏肓(천석고황)　자연을 사랑함을 고치지 못할 병처럼 굳어짐. 즉, 벼슬길에 뜻이 없음의 비유.
天壤之差(천양지차)　하늘과 땅의 차이. 즉, 아주 엄청난 차이. ⑧天壤之間(천양지간).
天佑神助(천우신조)　하늘과 신의 도움.
天衣無縫(천의무봉)　천사의 옷은 꿰맨 흔적이 없음. 시가(詩歌)나 문장 따위가 매우 자연스럽고 완전함.
千載一遇(천재일우)　천 년에 한 번 만남. 즉, 일생에 한 번 밖에 없는 좋은 기회.
天眞爛漫(천진난만)　말이나 행동에 꾸밈이나 거짓이 없는 천성 그대로의 순진함.
草綠同色(초록동색)　풀과 녹색은 서로 같은 색깔임. 서로 같은 무리끼리 어울린다는 뜻.
春秋筆法(춘추필법)　중국의 경서 춘추와 같이 비판의 태도가 엄정함을 이르는 말. 대의 명분을 밝혀 세우는 사필(史筆)의 논법(論法).
忠言逆耳(충언역이)　충고하는 말은 귀에 거슬림.
醉生夢死(취생몽사)　술에 취한 듯 꿈을 꾸듯 흐리멍텅하게 일생을 보냄.
七顚八起(칠전팔기)　일곱 번 넘어지고 여덟 번 일어남. 여러번 실패한 끝에 겨우 성공한 것.
七縱七擒(칠종칠금)　상대를 마음대로 다룸.―제갈량(諸葛亮)이 맹획(孟獲)을 일곱 번 놓아 주고 일곱 번 다시 사로잡았다는 고사에서 유래한 말.
他山之石(타산지석)　다른 산의 하찮은 돌이라도 옥돌을 가는 데에 소용이 됨. 곧, 다른 사람의 하찮은 언행도 자신을 수양하는 데에 도움이 된다는 말.
吐哺握[捉]髮(토포악[착]발)　어진 사람을 우대하기에 몹시 애씀. 정무(政務)를 보살피기에 잠시도 편안함이 없음의 비유.―중국의 주공(周公)이 손님을 맞으면 식사중에는 먹던 것을 뱉고, 감고 있던 머리를 움켜 쥐고 나가서 손님을 맞았다는 고사에서 유래한 말.
破邪顯正(파사현정)　사악한 것을 깨어 버리고 바른 것을 창현함.
破竹之勢(파죽지세)　대를 쪼개는 기세란 뜻. 거침없이 물리치고 나아가는 세력.
風飛雹散(풍비박산)　사방으로 날아 흩어짐.
風樹之嘆(풍수지탄)　효도를 다하지 못한채 어버이를 여읜 자식의 슬픔.
風前燈火(풍전등화)　바람 앞의 등불. 즉, 몹시 위태로운 상태를 가리킴.
匹夫之勇(필부지용)　소인이 깊은 생각없이 혈기만 믿고 함부로 부리는 용기.
匹夫匹婦(필부필부)　평범한 남녀.
鶴首苦待(학수고대)　학의 목처럼 목을 길게 늘여 기다림. 즉, 애타게 기다림.
漢江投石(한강투석)　한강에 돌 던지기. 곧, 아무리 애써도 보람이 없다는 것.
邯鄲之夢(한단지몽)　세상의 부귀 영화가 덧없음을 이르는 말.―당(唐)나라 현종의 개원 19년경 노생(盧生)이 한단(邯鄲)땅에서 여옹(呂翁)의 베개를 빌려서 갔더니 메조밥을 짓는 사이에 80년간의 영화로운 꿈을 꾸었다는 고사에서 유래한 말. ⑧黃粱夢(황량몽)
邯鄲之步(한단지보)　자기의 본분을 잊고 함부로 남의 흉내를 내면 실패한다는 뜻.―중국 연나라의 소년이 조나라의 서울 한단에 가서 그들의 걸음걸이를 배우다가 채 익히기도 전에 고향으로 돌아오니 한단의 걸음걸이도 되지 않고 자신의 걸음걸이도 잊어버렸다는 고사에서 유래한 말.
虛心坦懷(허심탄회)　마음에 아무런 거리낌 없이 솔직한 태도로 터놓고 말함.
螢雪之功(형설지공)　갖은 고생을 하면서 힘써 공부한 보람.―진(晋)나라 차윤(車胤)이 가난으로 여름에 반딧불 빛에 글을 읽었으며, 그 결과 벼슬이 상서랑(尙書郞)이 되었고 진나라 손강(孫康)은 겨울의 흰 눈빛으로 글을 읽어 벼슬이 어사대부(御史大夫)까지 되었다는 고사에서 유래한 말.
狐假虎威(호가호위)　여우가 호랑이의 위세를 빌려 다른 짐승을 놀래게 한다는 뜻. 남의 권세를 빌려 위세(威勢)를 부림의 비유.
虎視眈眈(호시탐탐)　범이 먹이를 노리어 눈을 부릅뜨고 형세를 살핌. 즉, 날카로운 눈초리로 기회를 엿봄.
浩然之氣(호연지기)　①넓고도 큰 기운. ②도의에 뿌리를 두고 공명 정대하여 조금도 부끄러움이 없는 데서 나오는 도덕적 용기.
惑世誣民(혹세무민)　세상을 어지럽히고 백성을 매혹시키어 속임.
昏定晨省(혼정신성)　저녁에는 잠자리를 정하고 아침에는 살핌. 즉, 아침 저녁으로 부모의 안부를 물음.
紅爐點雪(홍로점설)　빨갛게 단 화로에 내리는 한 점의 눈. 즉, 큰 일에 작은 힘은 아무런 도움이 되지 아니함의 비유.
畵龍點睛(화룡점정)　용을 그리고 나서 눈동자를 그려 넣음. 즉, 무슨 일을 하는데 가장 긴요한 부분을 마치어 완성시킴.―양(梁)나라 육조 때 화가 삼대가(三大家)중 한 사람인 장승요(張僧繇)가 금릉(金陵)의 안락사(安樂寺)의 벽에 용 네 마리를 그렸는데, 그 중 한 마리에 눈동자를 그려넣었더니, 요란스러운 뇌성이 터지면서 그 용이 벽을 박차고 나와 하늘로 날아 올라 갔다는 고사.
畵中之餠(화중지병)　그림의 떡. 즉, 탐이 나도 차지하거나 이용할 수 없음의 비유.

鰥寡孤獨(환과고독)　홀아비·과부·고아 및 늙고 자식 없는 사람. 즉, 외롭고 의지할 곳 없는 처지의 사람.
換骨奪胎(환골탈태)　뼈대를 바꾸어 끼고 태(胎)를 바꾸어 쓴다는 뜻. 형세와 모양이 환하게 트이고 아름다워져 전혀 딴사람처럼 됨.
宦海風波(환해풍파)　관리의 사회에서 겪는 갖가지 어려움이나 고통.
荒唐無稽(황당무계)　말이 허황되고 터무니 없어 믿을 수 없음. ⑧荒誕無稽(황탄무계)
橫說竪說(횡설수설)　조리가 없이 되는 대로 말을 지껄임.
橫草之功(횡초지공)　싸움터에서 세운 공로.
後生可畏(후생가외)　후배가 선배보다 나아서 두렵게 느껴짐을 이르는 말.
厚顔無恥(후안무치)　얼굴이 두꺼워 부끄러움을 모름.
後悔莫及(후회막급)　일이 잘못되고 난 후에 뉘우쳐도 어찌할 수 없음을 이름.
胸中無墨(흉중무묵)　배우지 못한 사람을 이르는 말.
興盡悲來(흥진비래)　즐거운 일이 다하면 슬픈 일이 옴. 곧, 흥망 성쇠가 엇바뀜을 가리키는 말.
稀世之才(희세지재)　세상에 보기 드문 재지(才智), 또는 그런 재지를 지닌 사람.

## 三綱五倫(삼강오륜)

君爲臣綱(군위신강) : 신하는 임금을 섬기는 근본이고
父爲子綱(부위자강) : 아들은 아버지를 섬기는 근본이고
夫爲婦綱(부위부강) : 아내는 남편을 섬기는 근본이다.

君臣有義(군신유의) : 임금과 신하는 의가 있어야 하고
父子有親(부자유친) : 아버지와 아들은 친함이 있어야 하며
夫婦有別(부부유별) : 남편과 아내는 분별이 있어야 하며
長幼有序(장유유서) : 어른과 어린이는 차례가 있어야 하고
朋友有信(붕우유신) : 벗과 벗은 믿음이 있어야 한다.

## 朱子十悔(주자십회)

不孝父母死後悔(불효부모사후회) : 부모에게 효도하지 않으면 죽은 뒤에 뉘우친다.
不親家族疎後悔(불친가족소후회) : 가족에게 친절치 않으면 멀어진 뒤에 뉘우친다.
少不勤學老後悔(소불근학로후회) : 젊을 때 부지런히 배우지 않으면 늙어서 뉘우친다.
安不思難敗後悔(안불사난패후회) : 편할 때 어려움을 생각하지 않으면 실패한 후에 뉘우친다.
富不儉用貧後悔(부불검용빈후회) : 편할 때 아껴쓰지 않으면 가난한 후에 뉘우친다.
春不耕種秋後悔(춘불경종추후회) : 봄에 종자를 갈지 않으면 가을에 뉘우친다.
不治垣墻盜後悔(불치단장도후회) : 담장을 고치지 않으면 도적 맞은 후에 뉘우친다.
色不謹愼病後悔(색불근신병후회) : 색을 삼가치 않으면 병든 후에 뉘우친다.
醉中妄言醒後悔(취중망언성후회) : 술 취할 때 망언된 말은 술 깬 뒤에 뉘우친다.
不接賓客去後悔(부접빈객거후회) : 손님을 접대하지 않으면 간 뒤에 뉘우친다.

## 親族間 系圖(친족간 계도)

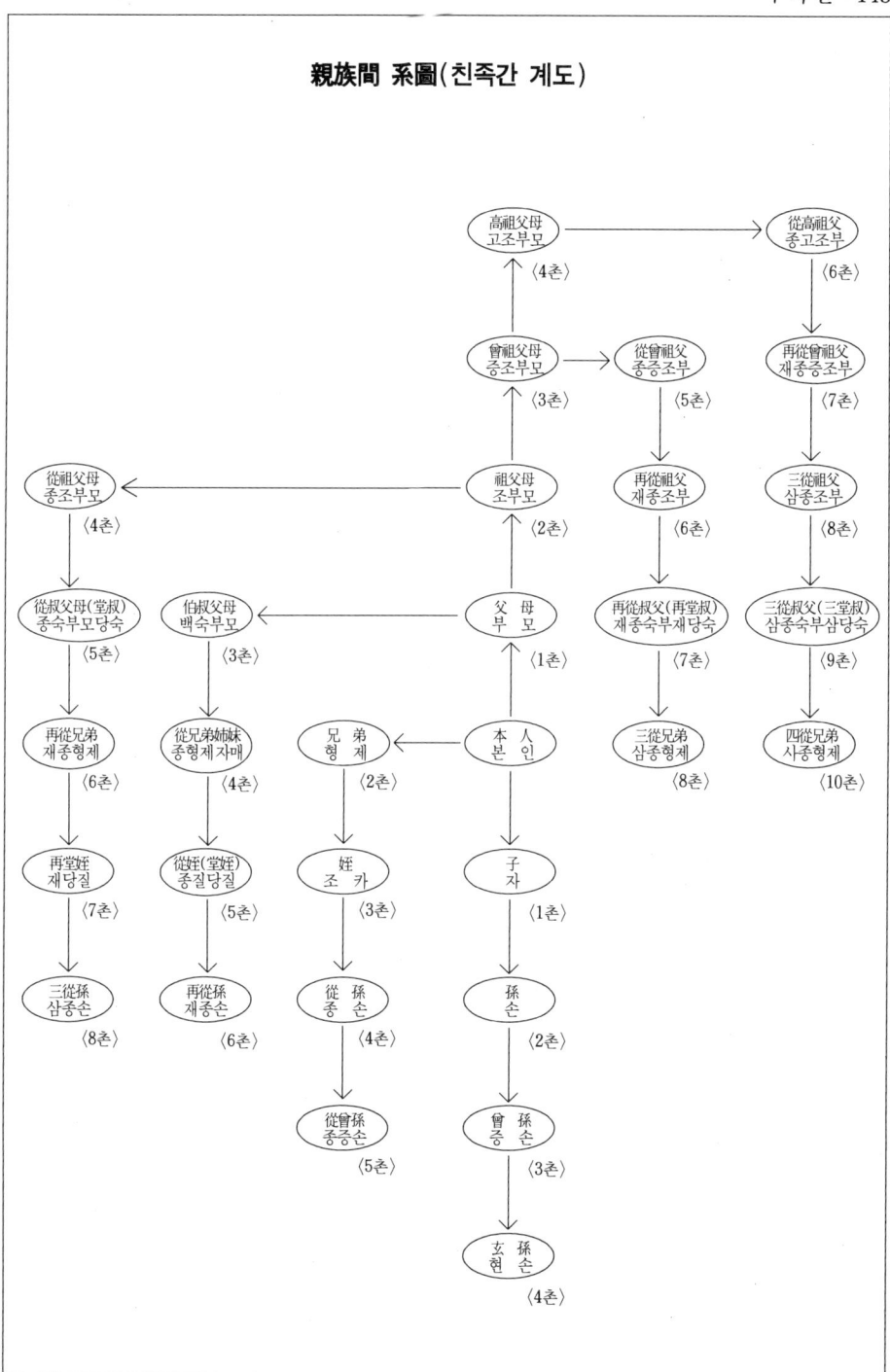

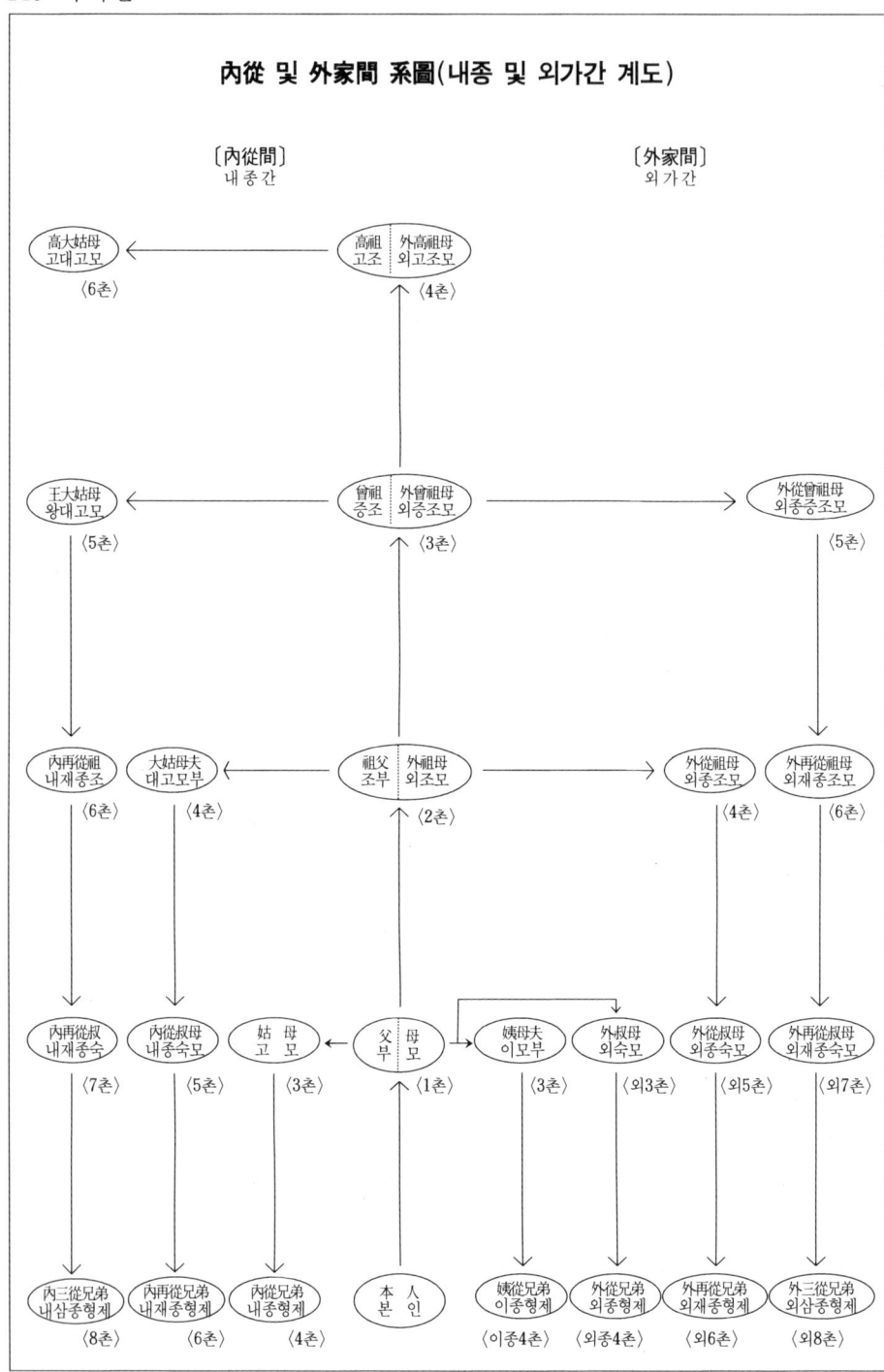

## 俗字·略字

**ㄱ**

假 ── 仮 〈거짓 가〉
價 ── 価 〈값 가〉
却 ── 却 〈물리칠 각〉
覺 ── 覚 〈깨달을 각〉
强 ── 强 〈강할 강〉
蓋 ── 盖 〈덮을 개〉
概 ── 概 〈대강 개〉
擧 ── 挙 〈들 거〉
據 ── 拠 〈의지할 거〉
檢 ── 検 〈교정할 검〉
劍 ── 剣 〈칼 검〉
揭 ── 掲 〈높이들 게〉
輕 ── 軽 〈가벼울 경〉
經 ── 経 〈경서 경〉
徑 ── 径 〈지름길 경〉
雞 ── 鶏 〈닭 계〉
繼 ── 継 〈이을 계〉
高 ── 髙 〈높을 고〉
穀 ── 穀 〈곡식 곡〉
觀 ── 覌 〈볼 관〉
館 ── 舘 〈집 관〉
關 ── 関 〈빗장 관〉
廣 ── 広 〈넓을 광〉
鑛 ── 鉱 〈쇳돌 광〉
敎 ── 教 〈가르칠 교〉
區 ── 区 〈구역 구〉
舊 ── 旧 〈옛 구〉
驅 ── 駆 〈몰 구〉
歐 ── 欧 〈성 구〉
國 ── 国 〈나라 국〉
權 ── 权 〈권세 권〉
勸 ── 勧 〈권할 권〉
龜 ── 亀 〈거북 귀〉
歸 ── 帰 〈돌아올 귀〉
氣 ── 気 〈기운 기〉
旣 ── 既 〈이미 기〉
飢 ── 飢 〈주릴 기〉

**ㄴ**

內 ── 内 〈안 내〉
腦 ── 脳 〈머릿골 뇌〉

**ㄷ**

單 ── 単 〈홀 단〉
團 ── 団 〈둥글 단〉
斷 ── 断 〈끊을 단〉
擔 ── 担 〈멜 담〉
當 ── 当 〈마땅할 당〉
黨 ── 党 〈무리 당〉
對 ── 対 〈대할 대〉
臺 ── 台 〈집 대〉
德 ── 徳 〈큰 덕〉
稻 ── 稲 〈벼 도〉
圖 ── 図 〈그림 도〉
讀 ── 読 〈읽을 독〉
獨 ── 独 〈홀로 독〉

**ㄹ**

樂 ── 楽 〈즐길 락〉
亂 ── 乱 〈어지러울 란〉
覽 ── 覧 〈볼 람〉
郞 ── 郎 〈사내 랑〉
來 ── 来 〈올 래〉
兩 ── 両 〈두 량〉
勵 ── 励 〈힘쓸 려〉
歷 ── 歴 〈지날 력〉
練 ── 練 〈익힐 련〉
戀 ── 恋 〈사모할 련〉
靈 ── 灵 〈신령 령〉
禮 ── 礼 〈예도 례〉
勞 ── 労 〈수고로울 로〉
爐 ── 炉 〈화로 로〉
賴 ── 頼 〈의지할 뢰〉
龍 ── 竜 〈용 룡〉
樓 ── 楼 〈다락 루〉

綠 ── 緑 〈푸를 록〉

**ㅁ**

萬 ── 万 〈일만 만〉
滿 ── 満 〈찰 만〉
蠻 ── 蛮 〈오랑캐 만〉
賣 ── 売 〈팔 매〉
麥 ── 麦 〈보리 맥〉
墨 ── 墨 〈먹 묵〉
彌 ── 弥 〈더할 미〉

**ㅂ**

半 ── 半 〈반 반〉
發 ── 発 〈필 발〉
拜 ── 拝 〈절 배〉
變 ── 変 〈변할 변〉
辯 ── 弁 〈말잘할 변〉
邊 ── 辺 〈가 변〉
竝 ── 並 〈아우를 병〉
倂 ── 併 〈나란히할 병〉
寶 ── 宝 〈보배 보〉
峯 ── 峰 〈봉우리 봉〉
拂 ── 払 〈떨칠 불〉
佛 ── 仏 〈부처 불〉
冰 ── 氷 〈얼음 빙〉

**ㅅ**

絲 ── 糸 〈실 사〉
寫 ── 写 〈베낄 사〉
辭 ── 辞 〈말씀 사〉
產 ── 産 〈낳을 산〉
牀 ── 床 〈평상 상〉
雙 ── 双 〈쌍 쌍〉
敍 ── 叙 〈펼 서〉
釋 ── 釈 〈풀 석〉
聲 ── 声 〈소리 성〉

世 — 古 〈인간 세〉
續 — 続 〈이을 속〉
屬 — 属 〈붙을 속〉
碎 — 砕 〈부서질 쇄〉
收 — 収 〈거둘 수〉
數 — 数 〈수 수〉
輸 — 輸 〈보낼 수〉
壽 — 寿 〈목숨 수〉
肅 — 粛 〈엄숙할 숙〉
濕 — 湿 〈젖을 습〉
乘 — 乗 〈탈 승〉
僧 — 僧 〈중 승〉
實 — 実 〈열매 실〉

**ㅇ**

兒 — 児 〈아이 아〉
亞 — 亜 〈버금 아〉
惡 — 悪 〈악할 악〉
巖 — 岩 〈바위 암〉
壓 — 圧 〈누를 압〉
藥 — 薬 〈약 약〉
讓 — 譲 〈사양할 양〉
嚴 — 厳 〈엄할 엄〉
餘 — 余 〈남을 여〉
與 — 与 〈줄 여〉
驛 — 駅 〈정거장 역〉
譯 — 訳 〈통변할 역〉
鹽 — 塩 〈소금 염〉
榮 — 栄 〈영화 영〉
豫 — 予 〈미리 예〉
藝 — 芸 〈재주 예〉
溫 — 温 〈따뜻할 온〉
圓 — 円 〈둥글 원〉
圍 — 囲 〈둘레 위〉
爲 — 為 〈할 위〉
陰 — 陰 〈그늘 음〉
應 — 応 〈응할 응〉
醫 — 医 〈의원 의〉
貳 — 弐 〈둘 이〉
益 — 益 〈더할 익〉

壹 — 壱 〈하나 일〉

**ㅈ**

姉 — 姉 〈누이 자〉
殘 — 残 〈남을 잔〉
蠶 — 蚕 〈누에 잠〉
雜 — 雑 〈섞일 잡〉
壯 — 壮 〈씩씩할 장〉
莊 — 荘 〈별장 장〉
將 — 将 〈장수 장〉
爭 — 争 〈다툴 쟁〉
戰 — 戦 〈싸움 전〉
錢 — 銭 〈돈 전〉
傳 — 伝 〈전할 전〉
轉 — 転 〈구를 전〉
點 — 点 〈점 점〉
靜 — 静 〈고요할 정〉
淨 — 浄 〈깨끗할 정〉
濟 — 済 〈건널 제〉
齊 — 斉 〈다스릴 제〉
條 — 条 〈가지 조〉
弔 — 吊 〈조상할 조〉
從 — 従 〈좇을 종〉
晝 — 昼 〈낮 주〉
卽 — 即 〈곧 즉〉
增 — 増 〈더할 증〉
證 — 証 〈증거 증〉
眞 — 真 〈참 진〉
盡 — 尽 〈다할 진〉

**ㅊ**

贊 — 賛 〈도울 찬〉
讚 — 讃 〈기릴 찬〉
參 — 参 〈참여할 참〉
處 — 処 〈곳 처〉
淺 — 浅 〈얕을 천〉
鐵 — 鉄 〈쇠 철〉
廳 — 庁 〈관청 청〉

體 — 体 〈몸 체〉
觸 — 触 〈닿을 촉〉
總 — 総 〈다 총〉
蟲 — 虫 〈벌레 충〉
醉 — 酔 〈술취할 취〉
齒 — 歯 〈이 치〉
恥 — 恥 〈부끄러울 치〉
稱 — 称 〈일컬을 칭〉

**ㅌ**

彈 — 弾 〈탄알 탄〉
澤 — 沢 〈못 택〉
擇 — 択 〈가릴 택〉

**ㅍ**

廢 — 廃 〈폐할 폐〉
豐 — 豊 〈풍성할 풍〉

**ㅎ**

學 — 学 〈배울 학〉
解 — 解 〈풀 해〉
鄕 — 郷 〈고을 향〉
虛 — 虚 〈빌 허〉
獻 — 献 〈드릴 헌〉
驗 — 験 〈증험할 험〉
顯 — 顕 〈나타날 현〉
賢 — 賢 〈어질 현〉
螢 — 蛍 〈반딧불 형〉
號 — 号 〈부르짖을 호〉
畫 — 画 〈그림 화〉
華 — 華 〈빛날 화〉
擴 — 拡 〈넓힐 확〉
歡 — 歓 〈기뻐할 환〉
黃 — 黄 〈누를 황〉
會 — 会 〈모을 회〉
回 — 回 〈돌아올 회〉
效 — 効 〈본받을 효〉
黑 — 黒 〈검을 흑〉

# 教育部選定 1800 教育用 漢字

## ㄱ

| 〔가〕 | 加 더할가 | 架 가설할가 | 可 옳을가 | 歌 노래가 | 假 거짓가 | 暇 겨를가 | 家 집가 | 價 값가 | 佳 아름다울가 | 街 거리가 | 〔각〕 | 各 각각각 | 閣 누각각 | 却 물리칠각 |
| 脚 다리각 | 角 뿔각 | 覺 깨달을각 | 刻 새길각 | 〔간〕 | 干 방패간 | 奸 간음할간 | 肝 간간 | 刊 책펴낼간 | 幹 줄기간 | 間 사이간 | 簡 간략할간 | 諫 간할간 | 看 볼간 | 姦 간사할간 |
| 懇 정성간 | 〔갈〕 | 渴 목마를갈 | 竭 다할갈 | 〔감〕 | 甘 달감 | 感 느낄감 | 減 덜감 | 敢 구태여감 | 監 감독할감 | 鑑 살필감 | 〔갑〕 | 甲 갑옷갑 | 〔강〕 | 江 물강 |
| 剛 굳셀강 | 綱 벼리강 | 鋼 강철강 | 康 편안할강 | 强 강론할강 | 講 내릴강 | 降 내릴강 | 〔개〕 | 介 낄개 | 皆 모두개 | 蓋 덮을개 | 慨 분할개 | 改 고칠개 | 槪 대개개 | 個 낱개 |
| 開 열개 | 〔객〕 | 客 손객 | 〔갱〕 | 更 다시갱 | 〔거〕 | 車 수레거 | 巨 클거 | 拒 막을거 | 距 떨어질거 | 居 살거 | 去 갈거 | 據 의지할거 | 擧 들거 | 〔건〕 |
| 建 세울건 | 健 굳셀건 | 乾 하늘건 | 件 사건건 | 〔걸〕 | 傑 호걸걸 | 〔검〕 | 儉 검소할검 | 劍 칼검 | 檢 검사할검 | 〔게〕 | 憩 쉴게 | 〔격〕 | 格 법식격 | 激 격할격 |
| 擊 칠격 | 〔견〕 | 見 볼견 | 絹 비단견 | 犬 개견 | 肩 어깨견 | 堅 굳을견 | 遣 보낼견 | 〔결〕 | 決 결단할결 | 缺 이지러질결 | 訣 이별할결 | 潔 맑을결 | 結 맺을결 | 〔겸〕 |
| 兼 겸할겸 | 謙 겸손할겸 | 〔경〕 | 庚 천간경 | 硬 굳을경 | 京 서울경 | 景 빛경 | 徑 지름길경 | 輕 가벼울경 | 經 경서경 | 竟 마침내경 | 境 지경경 | 鏡 거울경 | 競 다툴경 | 敬 공경할경 |
| 警 경계할경 | 驚 놀랄경 | 頃 때경 | 傾 기울경 | 慶 경사경 | 耕 밭갈경 | 卿 벼슬경 | 〔계〕 | 戒 경계할계 | 械 기계계 | 季 사철계 | 系 맬계 | 係 맞이을계 | 繼 이을계 | 契 계약할계 |
| 癸 천간계 | 溪 시내계 | 鷄 닭계 | 桂 계수나무계 | 界 지경계 | 啓 열계 | 階 섬돌계 | 計 셈할계 | 〔고〕 | 古 옛고 | 姑 시어미고 | 枯 마를고 | 故 연고고 | 苦 괴로울고 | 告 고할고 |
| 高 높을고 | 稿 볏짚고 | 考 상고할고 | 固 굳을고 | 孤 외로울고 | 鼓 북고 | 顧 돌아볼고 | 庫 곳집고 | 雇 더부살이고 | 〔곡〕 | 曲 곱을곡 | 谷 골곡 | 哭 울곡 | 穀 곡식곡 | 〔곤〕 |
| 困 곤할곤 | 坤 땅곤 | 〔골〕 | 骨 뼈골 | 〔공〕 | 工 장인공 | 功 공공 | 攻 칠공 | 共 함께공 | 供 이바지할공 | 恭 공손할공 | 空 빌공 | 公 공변될공 | 貢 바칠공 | 恐 두려울공 |
| 孔 구멍공 | 〔과〕 | 過 지날과 | 果 과실과 | 課 구실과 | 科 과정과 | 誇 자랑할과 | 瓜 외과 | 寡 적을과 | 戈 창과 | 〔곽〕 | 郭 성곽곽 | 〔관〕 | 官 벼슬관 | 管 주관할관 |
| 貫 꿸관 | 慣 익숙할관 | 寬 너그러울관 | 冠 갓관 | 觀 볼관 | 關 관계할관 | 〔광〕 | 廣 넓을광 | 鑛 쇳덩이광 | 光 빛광 | 〔괘〕 | 卦 괘결 | 〔괴〕 | 愧 부끄러울괴 | 塊 흙덩이괴 |
| 壞 무너뜨릴괴 | 怪 괴이할괴 | 〔교〕 | 交 사귈교 | 郊 들교 | 較 비교할교 | 校 학교교 | 橋 다리교 | 矯 바로잡을교 | 敎 가르칠교 | 巧 교묘할교 | 〔구〕 | 口 입구 | 構 집세울구 | 句 글귀구(귀) |
| 狗 개구 | 苟 구차할구 | 拘 잡을구 | 區 구역구 | 驅 몰구 | 鷗 갈매기구 | 懼 두려울구 | 具 갖출구 | 俱 함께구 | 久 오랠구 | 九 아홉구 | 究 궁구할구 | 求 구할구 | 救 구원할구 | 球 구슬구 |
| 丘 언덕구 | 舊 옛구 | 龜 거북구(귀) | 〔국〕 | 局 판국 | 菊 국화국 | 國 나라국 | 〔군〕 | 軍 군사군 | 君 임금군 | 群 무리군 | 郡 고을군 | 〔굴〕 | 屈 굽을굴 | 〔궁〕 |
| 弓 활궁 | 窮 궁할궁 | 宮 궁궐궁 | 〔권〕 | 權 권세권 | 勸 책권할권 | 卷 책권권 | 券 문서권 | 拳 주먹권 | 〔궐〕 | 厥 그궐 | 〔귀〕 | 貴 귀할귀 | 歸 돌아올귀 | 鬼 귀신귀 |
| 〔규〕 | 閨 계집관 | 規 법규 | 叫 부르짖을규 | 〔균〕 | 菌 버섯균 | 均 고를균 | 〔극〕 | 克 이길극 | 劇 연극극 | 極 지극할극 | 〔근〕 | 斤 근근 | 近 가까울근 | 根 뿌리근 |

| 僅 겨우근 | 勤 부지런할근 | 謹 삼갈근 | [금] | 金 쇠금(김) | 錦 비단금 | 今 이제금 | 琴 거문고금 | 禁 금할금 | 禽 날짐승금 | [급] | 及 미칠급 | 級 등급급 | 急 급할급 | 給 줄급 |
| [긍] | 肯 즐길긍 | [기] | 己 몸기 | 紀 벼리기 | 記 기록할기 | 起 일어날기 | 忌 꺼릴기 | 技 재주기 | 棄 버릴기 | 奇 기이할기 | 寄 붙을기 | 騎 말탈기 | 其 그기 | 基 터기 |
| 欺 속일기 | 期 기약할기 | 旗 기기 | 祈 빌기 | 幾 몇기 | 氣 기운기 | 飢 주릴기 | 饑 경기기 | 機 기틀기 | 企 바랄기 | 豈 어찌기 | 既 이미기 | 器 그릇기 | [긴] | 緊 요긴할긴 |
| [길] | 吉 길할길 | | | | | | | | | | | | | |

**ㄴ**

| [나] | 那 어찌나 | [낙] | 諾 허락낙 | [난] | 暖 따뜻할난 | 難 어려울난 | [남] | 男 사내남 | 南 남녘남 | [납] | 納 들일납 | [낭] | 娘 각시낭 | [내] |
| 乃 이에내 | 內 안내 | 奈 어찌내(나) | 耐 견딜내 | [녀] | 女 계집녀 | [년] | 年 해년 | [념] | 念 생각념 | [녕] | 寧 편안할녕 | [노] | 奴 종노 | 努 힘쓸노 |
| 怒 성낼노 | [농] | 農 농사농 | 濃 걸쭉할농 | [뇌] | 惱 번뇌할뇌 | 腦 머릿골뇌 | [능] | 能 능할능 | [니] | 泥 진흙니 | 尼 여승니 | | | |

**ㄷ**

| [다] | 茶 차다(차) | 多 많을다 | [단] | 旦 아침단 | 但 다만단 | 單 홑단 | 壇 단단 | 檀 박달나무단 | 丹 붉을단 | 端 끝단 | 團 둥글단 | 段 조각단 | 短 짧을단 | 斷 끊을단 |
| [달] | 達 통달할달 | [담] | 淡 묽을담 | 談 말씀담 | 潭 못담 | 擔 멜담 | [답] | 答 대답할답 | 畓 논답 | 踏 밟을답 | [당] | 唐 당나라당 | 糖 엿당 | 堂 집당 |
| 黨 무리당 | 當 마땅할당 | [대] | 大 큰대 | 代 대신할대 | 貸 빌릴대 | 臺 대대 | 對 대할대 | 帶 띠대 | 隊 떼대 | 待 기다릴대 | [덕] | 德 큰덕 | [도] | 刀 칼도 |
| 到 이를도 | 倒 넘어질도 | 陶 질그릇도 | 途 길도 | 都 도읍도 | 道 길도 | 導 이끌도 | 桃 복숭아도 | 挑 돋울도 | 逃 달아날도 | 跳 뛸도 | 稻 벼도 | 度 법도(탁) | 徒 무리도 | 渡 건널도 |
| 島 섬도 | 盜 도둑도 | 圖 그림도 | [독] | 讀 읽을독 | 毒 독할독 | 督 감독할독 | 獨 홀로독 | 篤 두터울독 | [돈] | 敦 두터울돈 | 豚 돼지돈 | [돌] | 突 부딪칠돌 | [동] |
| 同 한가지동 | 洞 고을동 | 桐 오동나무동 | 銅 구리동 | 冬 겨울동 | 童 아이동 | 東 동녘동 | 凍 얼동 | 動 움직일동 | [두] | 杜 막을두 | 豆 콩두 | 頭 머리두 | 斗 말두 | [둔] |
| 鈍 무딜둔 | [득] | 得 얻을득 | [등] | 登 오를등 | 燈 등잔등 | 等 무리등 | | | | | | | | |

**ㄹ**

| [라] | 羅 그물라 | [락] | 洛 낙수락 | 落 떨어질락 | 樂 즐길락(악) | [란] | 卵 알란 | 亂 어지러울란 | 爛 빛날란 | 欄 난간란 | 蘭 난초란 | [람] | 覽 두루볼람 | 藍 쪽람 |
| 濫 넘칠람 | [랑] | 浪 물결랑 | 郎 사내랑 | 朗 밝을랑 | 廊 결채랑 | [래] | 來 올래 | [랭] | 冷 찰랭 | [략] | 掠 노략질할략 | 略 간략할략 | [량] | 良 어질량 |
| 梁 들보량 | 兩 둘량 | 凉 서늘할량 | 諒 믿을량 | 量 헤아릴량 | 糧 양식량 | [려] | 麗 고울려 | 勵 힘쓸려 | 慮 생각할려 | 旅 나그네려 | [력] | 歷 지낼력 | 曆 책력력 | 力 힘력 |
| [련] | 練 익힐련 | 鍊 단련할련 | 聯 연합할련 | 連 이을련 | 戀 사모할련 | 蓮 연꽃련 | 憐 불쌍할련 | [렬] | 劣 용렬할렬 | 列 벌렬 | 烈 매울렬 | 裂 찢어질렬 | [렴] | 廉 청렴할렴 |
| [령] | 令 명령할령 | 領 거느릴령 | 零 떨어질령 | 嶺 재령 | 靈 신령령 | [례] | 例 법식례 | 禮 예도례 | [로] | 勞 수고로울로 | 爐 화로로 | 老 늙을로 | 路 길로 | 露 이슬로 |
| [록] | 鹿 사슴록 | 祿 녹록 | 綠 초록빛록 | 錄 기록할록 | [론] | 論 의논할론 | [롱] | 弄 희롱할롱 | [뢰] | 賴 의지할뢰 | 雷 우뢰뢰 | [료] | 了 마칠료 | 料 헤아릴료 |
| [룡] | 龍 용룡 | [루] | 漏 샐루 | 樓 다락루 | 屢 여러루 | 累 포갤루 | 淚 눈물루 | [류] | 柳 버들류 | 流 흐를류 | 留 머무를류 | 類 종류류 | [륙] | 六 여섯륙 |
| 陸 물륙 | [륜] | 倫 인륜륜 | 輪 바퀴륜 | [률] | 律 법률 | 栗 밤률 | 率 헤아릴률 | [륭] | 隆 성할륭 | [릉] | 陵 큰언덕릉 | [리] | 里 마을리 | 理 다스릴리 |

| 裏 | 利 | 梨 | 離 | 李 | 吏 | 履 | [린] | 隣 | [림] | 林 | 臨 | [립] | 笠 | 立 |
|---|---|---|---|---|---|---|---|---|---|---|---|---|---|---|
| 속리 | 이로울리 | 배리 | 떠날리 | 오얏리 | 아전리 | 밟을리 | | 이웃린 | | 수풀림 | 임할림 | | 삿갓립 | 설립 |

## ㅁ

| [마] | 馬 | 磨 | 痲 | [막] | 莫 | 漠 | 幕 | [만] | 晚 | 滿 | 漫 | 慢 | 灣 | 蠻 |
|---|---|---|---|---|---|---|---|---|---|---|---|---|---|---|
| | 말마 | 갈마 | 삼마 | | 말막 | 사막막 | 장막막 | | 늦을만 | 찰만 | 부질없을만 | 거만할만 | 물굽이만 | 오랑캐만 |
| 萬 | [말] | 末 | 亡 | 忘 | 妄 | 忙 | 茫 | 罔 | 望 | [매] | 每 | 梅 | 買 | |
| 일만만 | | 끝말 | 망할망 | 잊을망 | 망령될망 | 바쁠망 | 망망할망 | 없을망 | 바랄망 | | 매양매 | 매화나무매 | 살매 | |
| 賣 | 妹 | 埋 | 媒 | [맥] | 脈 | 麥 | [맹] | 孟 | 猛 | 盲 | 盟 | [면] | 免 | 勉 |
| 팔매 | 아랫누이매 | 묻을매 | 중매매 | | 맥맥 | 보리맥 | | 맏맹 | 사나울맹 | 소경맹 | 맹세할맹 | | 면할면 | 힘쓸면 |
| 面 | 綿 | 眠 | 滅 | [명] | 明 | 名 | 銘 | 命 | 冥 | 鳴 | [모] | 毛 | 募 | |
| 낯면 | 솜면 | 잠잘면 | 별할멸 | | 밝을명 | 이름명 | 새길명 | 목숨명 | 어두울명 | 울명 | | 털모 | 부를모 | |
| 慕 | 模 | 暮 | 母 | 某 | 謀 | 矛 | 貌 | 目 | 睦 | 木 | 沐 | 牧 | [몰] | |
| 사모할모 | 법모 | 저물모 | 어미모 | 아무모 | 피모 | 창모 | 모양모 | 눈목 | 화목할목 | 나무목 | 머리감을목 | 기를목 | | |
| 沒 | [몽] | 蒙 | 夢 | [묘] | 卯 | 妙 | 苗 | 廟 | 墓 | [무] | 武 | 無 | 舞 | 貿 |
| 빠질몰 | | 어릴몽 | 꿈몽 | | 토끼묘 | 묘할묘 | 싹묘 | 사당묘 | 무덤묘 | | 호반무 | 없을무 | 춤출무 | 무역할무 |
| 務 | 霧 | 戊 | 茂 | [묵] | 墨 | 默 | [문] | 文 | 汶 | 門 | 聞 | 問 | [물] | 勿 |
| 힘쓸무 | 안개무 | 천간무 | 무성할무 | | 먹묵 | 잠잠할묵 | | 글월문 | 물이름문 | 문문 | 들을문 | 물을문 | | 말물 |
| 物 | [미] | 眉 | 未 | 味 | 米 | 迷 | 美 | 尾 | 微 | [민] | 民 | 憫 | 敏 | [밀] |
| 만물물 | | 눈썹미 | 아닐미 | 맛미 | 쌀미 | 미혹할미 | 아름다울미 | 꼬리미 | 작을미 | | 백성민 | 불쌍할민 | 민첩할민 | |
| 密 | 蜜 | | | | | | | | | | | | | |
| 빽빽할밀 | 꿀밀 | | | | | | | | | | | | | |

## ㅂ

| [박] | 博 | 薄 | 朴 | 拍 | 泊 | 迫 | [반] | 半 | 反 | 返 | 叛 | 飯 | 般 | 盤 |
|---|---|---|---|---|---|---|---|---|---|---|---|---|---|---|
| | 너를박 | 엷을박 | 순박할박 | 칠박 | 고요할박 | 큄박할박 | | 반반 | 돌이킬반 | 돌아올반 | 배반할반 | 밥반 | 일반반 | 쟁반반 |
| 班 | [발] | 拔 | 髮 | 發 | [방] | 方 | 防 | 妨 | 芳 | 放 | 倣 | 房 | 訪 | 邦 |
| 벌려설반 | | 뺄발 | 머리털발 | 필발 | | 모방 | 방비할방 | 방해할방 | 꽃다울방 | 놓을방 | 본받을방 | 방방 | 뵈올방 | 나라방 |
| 傍 | [배] | 杯 | 俳 | 排 | 拜 | 倍 | 培 | 配 | 輩 | 背 | [백] | 白 | 伯 | 百 |
| 곁방 | | 잔배 | 광대배 | 물리칠배 | 절배 | 곱배 | 북돋을배 | 짝배 | 무리배 | 등배 | | 흰백 | 맏백 | 일백백 |
| 柏 | [번] | 番 | 煩 | 飜 | 繁 | [벌] | 伐 | 罰 | [범] | 犯 | 範 | 凡 | 汎 | [법] |
| 잣나무백 | | 차례번 | 번거로울번 | 번역할번 | 성할번 | | 칠벌 | 벌줄벌 | | 범할범 | 법범 | 무릇범 | 넓을범 | |
| 法 | [벽] | 壁 | 碧 | [변] | 辨 | 辯 | 邊 | 變 | [별] | 別 | [병] | 兵 | 丙 | 病 |
| 법법 | | 벽벽 | 푸를벽 | | 분별할변 | 말잘할변 | 변두리변 | 변할변 | | 다를별 | | 군사병 | 남녘병 | 병들병 |
| 屛 | 竝 | [보] | 步 | 保 | 報 | 補 | 普 | 譜 | 寶 | [복] | 伏 | 服 | 復 | 腹 |
| 병풍병 | 아우를병 | | 걸음보 | 보전할보 | 고할보 | 도울보 | 넓을보 | 문서보 | 보배보 | | 엎드릴복 | 옷복 | 돌아올복 | 배복 |
| 複 | 福 | 卜 | [본] | 本 | [봉] | 峯 | 逢 | 蜂 | 奉 | 封 | 鳳 | [부] | 夫 | 扶 |
| 겹칠복 | 복복 | 점칠복 | | 근본본 | | 봉우리봉 | 만날봉 | 벌봉 | 받들봉 | 봉할봉 | 새봉 | | 사내부 | 도울부 |
| 付 | 附 | 符 | 府 | 腐 | 浮 | 部 | 婦 | 簿 | 副 | 富 | 否 | 父 | 赴 | 負 |
| 부칠부 | 덧붙을부 | 상서부 | 마을부 | 썩을부 | 뜰부 | 나눌부 | 아내부 | 문서부 | 버금부 | 부자부 | 아닐부 | 아비부 | 다다를부 | 짐부 |
| 膚 | 賦 | [북] | 北 | [분] | 分 | 粉 | 紛 | 墳 | 憤 | 奮 | 奔 | [불] | 不 | 弗 |
| 살부 | 구실부 | | 북녘북(배) | | 나눌분 | 가루분 | 어지러울분 | 무덤분 | 분할분 | 떨쳐분 | 달아날분 | | 아닐불 | 아니불 |
| 佛 | 拂 | [붕] | 朋 | 崩 | 妃 | [비] | 非 | 悲 | 比 | 批 | 卑 | 婢 | 碑 | 備 |
| 부처불 | 털불 | | 벗붕 | 무너질붕 | 왕비비 | | 아닐비 | 슬플비 | 견줄비 | 비평할비 | 낮을비 | 계집종비 | 비석비 | 갖출비 |
| 費 | 飛 | 祕 | 肥 | 妃 | [빈] | 賓 | 頻 | 貧 | [빙] | 氷 | 聘 | | | |
| 비용비 | 날비 | 숨길비 | 살찔비 | 왕비비 | | 손빈 | 자주빈 | 가난할빈 | | 얼음빙 | 청할빙 | | | |

## ㅅ

| [사] | 士 | 仕 | 社 | 巳 | 祀 | 司 | 詞 | 史 | 使 | 沙 | 思 | 詐 | 射 | 謝 |
|---|---|---|---|---|---|---|---|---|---|---|---|---|---|---|
| | 선비사 | 벼슬할사 | 모일사 | 뱀사 | 제사사 | 맡을사 | 말사 | 사기사 | 부릴사 | 모래사 | 생각할사 | 속일사 | 쏠사 | 사례할사 |

152 · 부록편

| | | | | | | | | | | | | | |
|---|---|---|---|---|---|---|---|---|---|---|---|---|---|
| 查 조사할사 | 蛇 뱀사 | 死 죽을사 | 似 같을사 | 寺 절사 | 賜 줄사 | 私 사사사 | 絲 실사 | 斯 이사 | 舍 집사 | 寫 베낄사 | 四 넉사 | 師 스승사 | 事 일사 |
| [삼] | [살] 죽일살(쇄) | 殺 죽일살 | 算 셈할산 | 山 뫼산 | 酸 초산 | 散 흩을산 | 産 낳을산 | [산] | 朔 초하루삭 | 削 깎을삭 | [삭] | 斜 비낄사 | 邪 간사할사 |
| 賞 상줄상 | 常 항상상 | 喪 복입을상 | 傷 상할상 | 尙 오히려상 | 商 장사상 | 桑 뽕나무상 | 像 형상상 | 象 코끼리상 | 霜 서리상 | 想 생각할상 | 相 서로상 | 森 나무빽할삼 | 三 석삼 |
| 索 찾을색(식) | 色 빛색 | [색] | 塞 변방새(색) | [새] | 雙 둘쌍 | [쌍] | 上 위상 | 嘗 맛볼상 | 裳 치마상 | 床 평상상 | 狀 형상상 | 詳 자세할상 | 祥 상서상 | 償 갚을상 |
| 緖 실마리서 | 書 글서 | 庶 여럿서 | 恕 용서할서 | 婿 사위서 | 署 관청서 | 暑 더워서 | 敍 쓸서 | 徐 천천할서 | 舒 펼서 | 序 차례서 | 西 서녘서 | [서] | 生 날생 | [생] |
| 禪 고요할선 | 選 가릴선 | 宣 베풀선 | 善 착할선 | 鮮 생선선 | 先 먼저선 | [선] | 席 자리석 | 析 쪼갤석 | 釋 해석할석 | 舌 혀설 | 石 돌석 | 夕 저녁석 | 惜 아낄석 | 昔 옛석 | [석] |
| 盛 성할성 | 城 재성 | 成 이룰성 | [성] | 涉 물건널섭 | 說 말씀설(세) | 設 베풀설 | 雪 눈설 | 舌 혀설 | [설] | 船 배선 | 線 실선 | 仙 신선선 | 旋 돌이킬선 |
| [소] | 細 가늘세 | 洗 씻을세 | 歲 해세 | 勢 권세세 | 稅 세금세 | 世 인간세 | [세] | 聲 소리성 | 聖 성스러울성 | 省 살필성(생) | 性 성품성 | 姓 성성 | 星 별성 | 誠 정성성 |
| 蔬 나물소 | 笑 웃을소 | 燒 불불울소 | 所 바소 | 遜 사양할손 | 孫 손자손 | 損 덜손 | 蘇 깨어날소 | 訴 소송할소 | 疎 성길소 | 素 쓸소 | 消 끌소 | 紹 이을소 | 昭 밝을소 | 召 부를소 | 少 젊을소 | 小 작을소 |
| 訟 소송할송 | 松 소나무송 | [송] | 授 줄수 | 受 받을수 | 首 머리수 | [수] | 屬 속할속 | 俗 풍속속 | 續 이을속 | 粟 조속 | 速 빠를속 | 束 묶을속 | [속] | 騷 떠들소 |
| 遂 드디어수 | 修 닦을수 | 數 셈수 | 帥 거느릴수 | 收 거둘수 | 雖 비록수 | 需 쓸수 | 守 지킬수 | 輸 보낼수 | 殊 다를수 | 水 물수 | 秀 빼어날수 | 睡 잠잘수 | 須 모름지기수 | 隨 따를수 |
| 順 순할순 | 殉 따라죽을순 | 旬 열흘순 | [순] | 熟 익을숙 | 肅 엄숙할숙 | 淑 맑을숙 | 叔 아재비숙 | 宿 잘숙 | [숙] | 手 손수 | 愁 근심수 | 樹 나무수 | 獸 짐승수 | 壽 목숨수 | 囚 가둘수 |
| 拾 주울습(십) | 侍 모실시 | 崇 높을숭 | [숭] | 戌 개술 | 術 재주술 | 述 지을술 | [술] | 瞬 눈깜짝할순 | 舜 임금순 | 純 순수할순 | 循 좇을순 | 盾 방패순 | 巡 순행할순 |
| 時 때시 | 植 심을식 | 息 숨쉴식 | 飾 꾸밀식 | 食 먹을식(사) | [식] | 氏 성씨 | 乘 탈승 | 昇 오를승 | 升 되승 | 承 이을승 | 勝 이길승 | [승] | 襲 엄습할습 | 濕 젖을습 | 習 익힐습 |
| 室 집실 | 失 잃을실 | [실] | 愼 삼갈신 | 信 믿을신 | 晨 새벽신 | 身 몸신 | 新 새신 | [씨] | 施 베풀시 | 試 시험할시 | 始 비로소시 | 市 시가시 | 視 볼시 | 示 보일시 | [신] | 詩 시시 |
| | | | | | | | [십] 十 열십 | 審 살필심 | 深 깊을심 | 尋 찾을심 | 甚 심할심 | 心 마음심 | [심] | 實 열매실 | 識 알식(지) | 臣 신하신 | 申 납신 | 伸 펼신 | 神 귀신신 | 辛 매울신 |

○

| | | | | | | | | | | | | |
|---|---|---|---|---|---|---|---|---|---|---|---|---|
| [아] | 我 나아 | 餓 주릴아 | 亞 버금아 | 阿 언덕아 | 牙 어금니아 | 芽 싹아 | 雅 맑을아 | 兒 아이아 | [악] | 惡 악할악 | 岳 멧부리악 | [안] | 安 편안할안 | 案 책상안 |
| 岸 언덕안 | 顔 얼굴안 | 雁 기러기안 | 眼 눈안 | [알] | 謁 아뢸알 | [암] | 暗 어두울암 | 巖 바위암 | [압] | 押 찍을압 | 壓 누를압 | [앙] | 央 가운데앙 | 仰 우러를앙 |
| 殃 재앙앙 | [애] | 愛 사랑애 | 涯 물가애 | 哀 슬플애 | [액] | 液 진액액 | 厄 재앙액 | 額 이마액 | [야] | 也 잇기야 | 夜 밤야 | 耶 어조사야 | 野 들야 | [약] |
| 約 약속할약 | 弱 약할약 | 若 같을약 | 藥 약약 | [양] | 羊 양양 | 洋 큰바다양 | 養 기를양 | 讓 사양할양 | 陽 볕양 | 楊 버들양 | 揚 날릴양 | [어] | 於 어조사어 |
| 魚 물고기어 | 漁 고기잡을어 | 語 말씀어 | 御 모실어 | [억] | 抑 누를억 | 億 억억 | 憶 생각할억 | [언] | 言 말씀언 | 焉 어찌언 | [업] | 嚴 엄할엄 | [엄] | 業 일업 |
| [여] | 予 나여 | 汝 너여 | 如 같을여 | 與 줄여 | 余 나여 | 餘 남을여 | 興 수레바탕여 | [역] | 易 바꿀역(이) | 驛 역말역 | 譯 통역할역 | 域 지경역 | 亦 또역 | 疫 전염병역 |

| 役 부릴역 | 逆 거스릴역 | [연] | 延 끌연 | 鉛 납연 | 沿 물따라갈연 | 然 그럴연 | 燃 불탈연 | 燕 제비연 | 緣 인연연 | 煙 연기연 | 演 펼연 | 宴 잔치연 | 軟 연할연 | 研 갈연 |
| 硯 벼루연 | [열] | 悅 기쁠열 | 熱 더울열 | [염] | 炎 불꽃염 | 染 물들일염 | 鹽 소금염 | [엽] | 葉 잎사귀엽 | [영] | 永 길영 | 泳 헤엄칠영 | 詠 읊을영 | 映 비칠영 |
| 英 꽃뿌리영 | 榮 영화영 | 營 경영할영 | 影 그림자영 | 迎 맞을영 | [예] | 豫 미리예 | 藝 재주예 | 銳 날카로울예 | 譽 명예예 | [오] | 午 낮오 | 五 다섯오 | 吾 나오 | 梧 오동나무오 |
| 悟 깨달을오 | 烏 까마귀오 | 嗚 탄식할오 | 娛 즐거울오 | 誤 그릇오 | 傲 거만할오 | 汚 더러울오 | [옥] | 玉 구슬옥 | 屋 집옥 | 獄 감옥옥 | [온] | 溫 따뜻할온 | [옹] | 翁 늙은이옹 |
| [와] | 瓦 기와와 | 臥 누울와 | [완] | 完 완전할완 | 緩 느릴완 | [왈] | 曰 가로왈 | [왕] | 王 임금왕 | 往 갈왕 | [외] | 外 바깥외 | 畏 두려워할외 | [요] |
| 要 중요할요 | 腰 허리요 | 搖 흔들요 | 遙 멀요 | 謠 노래요 | [욕] | 慾 욕심낼욕 | 欲 욕심욕 | 浴 목욕할욕 | 辱 욕될욕 | [용] | 容 얼굴용 | 庸 떳떳할용 | 用 쓸용 | 勇 날랠용 |
| [우] | 又 또우 | 友 벗우 | 于 어조사우 | 宇 집우 | 偶 짝우 | 愚 어리석을우 | 遇 만날우 | 右 오른쪽우 | 雨 비우 | 憂 근심우 | 優 넉넉할우 | 尤 더욱우 | 羽 깃우 | 郵 우편우 |
| 牛 소우 | [운] | 韻 울림운 | 云 이를운 | 雲 구름운 | 運 옮길운 | [웅] | 雄 수컷웅 | [원] | 原 근본원 | 源 근원원 | 願 원할원 | 元 으뜸원 | 院 집원 | 遠 멀원 |
| 援 도울원 | 怨 원망할원 | 員 인원원 | 圓 둥글원 | 園 동산원 | [월] | 月 달월 | 越 넘을월 | [위] | 慰 위로할위 | 胃 밥통위 | 謂 이를위 | 偉 위대할위 | 圍 둘레위 | 違 어길위 |
| 緯 씨위 | 衛 호위할위 | 委 맡길위 | 威 위엄위 | 爲 하위 | 僞 거짓위 | 危 위태할위 | 位 자리위 | [유] | 酉 닭유 | 猶 오히려유 | 有 있을유 | 由 말미암을유 | 油 기름유 | 愈 나을유 |
| 唯 오직유 | 惟 생각할유 | 維 이를유 | 柔 부드러울유 | 幼 어릴유 | 遺 끼칠유 | 遊 놀유 | 儒 선비유 | 幽 그윽할유 | 悠 멀유 | 誘 꾀일유 | 裕 넉넉할유 | 乳 젖유 | [육] | 肉 고기육 |
| 育 기를육 | [윤] | 尹 다스릴윤 | 閏 윤달윤 | 潤 불을윤 | [은] | 恩 은혜은 | 銀 은은 | 隱 숨을은 | [을] | 乙 새을 | [음] | 音 소리음 | 吟 읊을음 | 飮 마실음 |
| 淫 음란할음 | 陰 그늘음 | 邑 고을읍 | 泣 소리없이울읍 | [응] | 應 응할응 | 衣 옷의 | 依 의지할의 | [의] | 儀 거동의 | 議 의논할의 | 意 뜻의 | 宜 마땅의 |
| 疑 의심할의 | 醫 의원의 | 矣 조사의 | [이] | 耳 귀이 | 而 말이을이 | 夷 오랑캐이 | 已 이미이 | 異 다를이 | 移 옮길이 | 以 써이 | 貳 두이 | 二 두이 | [익] | 益 더할익 |
| 翼 날개익 | [인] | 寅 범인 | 刃 칼날인 | 忍 참을인 | 人 사람인 | 仁 어질인 | 因 인할인 | 姻 혼인할인 | 引 끌인 | 印 도장인 | 認 인정할인 | [일] | 日 날일 | 一 한일 |
| 壹 한일 | 逸 숨을일 | [임] | 壬 천간임 | 任 맡길임 | 賃 품삯임 | [입] | 入 들입 |

## ㅈ

| [자] | 子 아들자 | 字 글자자 | 玆 이자 | 慈 사랑자 | 紫 자주빛자 | 雌 암컷자 | 姿 맵시자 | 恣 방자할자 | 資 재물자 | 自 스스로자 | 刺 찌를자(척) | 者 놈자 | 姉 맏누이자 | [작] |
| 酌 잔질할작 | 爵 벼슬작 | 作 지을작 | 昨 어제작 | [잔] | 殘 남을잔 | [잠] | 潛 잠길잠 | 蠶 누에잠 | 暫 잠깐잠 | [잡] | 雜 섞일잡 | [장] | 丈 긴장 | 長 긴장 |
| 帳 휘장장 | 張 베풀장 | 章 글장 | 障 막힐장 | 腸 창자장 | 場 마당장 | 獎 권면할장 | 壯 장할장 | 莊 씩씩할장 | 墻 담장 | 粧 단장할장 | 掌 손바닥장 | 藏 감출장 | 臟 오장장 |
| 葬 장사지낼장 | [재] | 再 두재 | 才 재주재 | 材 재목재 | 財 재물재 | 在 있을재 | 栽 심을재 | 裁 마를재 | 哉 어조사재 | 載 실을재 | 災 재앙재 | 爭 다툴쟁 | [저] |
| 貯 쌓을저 | 抵 막을저 | 低 낮을저 | 底 밑저 | 著 나타낼저(착) | [적] | 赤 붉을적 | 跡 발자취적 | 滴 물방울적 | 摘 딸적 | 適 마땅할적 | 敵 원수적 | 積 쌓을적 | 蹟 자취적 | 績 길쌈적 |
| 籍 호적적 | 賊 도둑적 | 的 과녁적 | 寂 고요할적 | [전] | 全 온전할전 | 田 밭전 | 錢 돈전 | 典 법전 | 前 앞전 | 展 펼전 | 專 오로지전 | 傳 전할전 | 轉 구를전 | 戰 싸울전 |
| 電 번개전 | [절] | 節 마디절 | 切 끊을절 | 折 꺾을절 | 絶 끊을절 | 貞 곧을정 | 占 점칠점 | 店 가게점 | 點 점점 | 漸 점점점 | [접] | 接 접속할접 | 蝶 나비접 | [정] |
| 丁 고무래정 | 訂 고칠정 | 頂 이마정 | 亭 정자정 | 停 머무를정 | 貞 곧을정 | 正 바를정 | 政 정사정 | 征 칠정 | 整 정돈할정 | 定 정할정 | 程 과정정 | 廷 뜰정 | 庭 뜰정 | 情 뜻정 |

| 精 가릴정 | 淨 깨끗할정 | 靜 고요정 | 井 우물정 | 鄭 나라이름정 | 〔제〕 | 帝 임금제 | 提 끄을제 | 堤 둑제 | 題 제목제 | 齊 가지런할제 | 濟 구제할제 | 弟 아우제 | 第 차례제 | 祭 제사제 |
|---|---|---|---|---|---|---|---|---|---|---|---|---|---|---|
| 際 사귈제 | 制 지을제 | 製 지을제 | 諸 모두제 | 除 버릴제 | 〔조〕 | 帝 도울조 | 助 빨조 | 組 할아비조 | 祖 세금조 | 租 억조조 | 兆 마을조 | 曹 조상할조 | 弔 아침조 | 朝 조수조 | 潮 |
| 早 이를조 | 操 지조조 | 燥 마를조 | 造 지을조 | 照 비칠조 | 條 걸가지조 | 鳥 새조 | 調 고를조 | 〔족〕 | 足 발족 | 族 겨레족 | 〔존〕 | 尊 높을존 | 存 있을존 | 〔졸〕 |
| 卒 군사졸 | 拙 옹졸할졸 | 〔종〕 | 宗 마루종 | 從 좇을종 | 縱 세로종 | 鐘 쇠북종 | 種 씨종 | 終 마침종 | 〔좌〕 | 左 왼쪽좌 | 佐 도울좌 | 坐 앉을좌 | 座 자리좌 | 〔죄〕 |
| 罪 허물죄 | 〔주〕 | 州 고을주 | 洲 물가주 | 主 주인주 | 住 머무를주 | 柱 기둥주 | 注 물댈주 | 朱 붉을주 | 株 그루주 | 走 달아날주 | 周 두루주 | 舟 배주 | 宙 집주 | 畫 낮주 |
| 酒 술주 | 〔죽〕 | 竹 대죽 | 〔준〕 | 遵 따라갈준 | 俊 준걸준 | 准 평평할준 | 準 법도준 | 〔중〕 | 中 가운데중 | 仲 버금중 | 衆 무리중 | 重 무거울중 | 〔즉〕 | 卽 곧즉 |
| 〔증〕 | 曾 일찍증 | 憎 미워할증 | 增 더할증 | 贈 줄증 | 蒸 찔증 | 證 증거증 | 症 병세증 | 〔지〕 | 至 이를지 | 止 그칠지 | 支 지팡할지 | 枝 가지지 | 志 뜻지 | 誌 기록할지 |
| 只 다만지 | 知 알지 | 智 지혜지 | 紙 종이지 | 指 손가락지 | 遲 더딜지 | 之 갈지 | 池 못지 | 地 땅지 | 持 가질지 | 〔직〕 | 直 곧을직 | 織 짤직 | 職 벼슬직 | 〔진〕 |
| 眞 참진 | 鎭 진압할진 | 珍 보배진 | 辰 별진(신) | 振 떨칠진 | 陣 진칠진 | 陳 베풀진 | 盡 다할진 | 進 나아갈진 | 〔질〕 | 質 바탕질(지) | 姪 조카질 | 秩 차례질 | 疾 병질 | 〔집〕 |
| 集 모을집 | 執 잡을집 | 〔징〕 | 徵 부를징 | 懲 징계할징 | | | | | | | | | | |

**ㅊ**

| 〔차〕 | 此 이차 | 且 또차 | 差 어긋날차 | 次 버금차 | 借 빌릴차 | 〔착〕 | 錯 섞일착 | 捉 잡을착 | 着 붙을착 | 〔찬〕 | 贊 찬성할찬 | 讚 기릴찬 | 〔찰〕 | 察 살필찰 |
|---|---|---|---|---|---|---|---|---|---|---|---|---|---|---|
| 〔참〕 | 參 참여할참(삼) | 慘 슬플참 | 慙 부끄러울참 | 〔창〕 | 昌 창성할창 | 唱 노래부를창 | 倉 창고창 | 創 비로소창 | 滄 찰창 | 蒼 푸를창 | 暢 화창할창 | 窓 창창 | 〔채〕 | 彩 무늬채 |
| 菜 나물채 | 採 캘채 | 債 빚채 | 〔책〕 | 策 꾀책 | 責 꾸짖을책 | 冊 책책 | 〔처〕 | 妻 아내처 | 悽 슬플처 | 處 곳처 | 〔척〕 | 斥 내칠척 | 尺 자척 | 拓 물리칠척(탁) |
| 戚 겨레척 | 〔천〕 | 天 하늘천 | 千 일천천 | 川 내천 | 淺 얕을천 | 踐 밟을천 | 賤 천할천 | 遷 옮길천 | 薦 천거할천 | 泉 샘천 | 〔철〕 | 徹 밝을철 | 哲 밝을철 | 綴 잇댈철 |
| 鐵 쇠철 | 〔첨〕 | 尖 뾰족할첨 | 添 더할첨 | 〔첩〕 | 妾 첩첩 | 帖 문서첩 | 〔청〕 | 靑 푸를청 | 淸 맑을청 | 晴 갤청 | 請 청할청 | 聽 들을청 | 廳 관청청 | 〔체〕 |
| 替 바꿀체 | 體 몸체 | 遞 역말체 | 〔초〕 | 肖 같을초 | 招 부를초 | 超 뛰어넘을초 | 抄 가려뽑을초 | 秒 초초 | 礎 주춧돌초 | 草 풀초 | 初 처음초 | 〔촉〕 | 燭 촛불촉 | 觸 닿을촉 |
| 促 재촉할촉 | 〔촌〕 | 村 마을촌 | 寸 마디촌 | 〔총〕 | 聰 귀밝을총 | 總 거느릴총 | 銃 총총 | 〔최〕 | 最 가장최 | 催 재촉할최 | 〔추〕 | 推 밀추(퇴) | 秋 가을추 | 醜 더러울추 |
| 追 쫓을추 | 抽 뺄추 | 〔축〕 | 丑 소축 | 畜 가축축 | 蓄 모을축 | 祝 빌축 | 逐 쫓을축 | 縮 오그라들축 | 築 쌓을축 | 〔춘〕 | 春 봄춘 | 〔출〕 | 出 날출 | 〔충〕 |
| 忠 충성충 | 充 채울충 | 蟲 벌레충 | 衝 찌를충 | 〔취〕 | 取 취할취 | 趣 취미취 | 臭 냄새취 | 就 이를취 | 醉 취할취 | 吹 불취 | 〔측〕 | 側 결측 | 測 측량할측 | 〔층〕 |
| 層 층층 | 〔치〕 | 致 이를치 | 稚 어릴치 | 齒 이치 | 治 다스릴치 | 値 값치 | 置 둘치 | 恥 부끄러울치 | 〔칙〕 | 則 법칙(즉) | 親 친할친 | 〔칠〕 | 七 일곱칠 |
| 漆 옻칠할칠 | 〔침〕 | 侵 범할침 | 浸 적실침 | 寢 잘침 | 針 바늘침 | 沈 잠길침 | 枕 베개침 | 〔칭〕 | 稱 일컬을칭 | | | | | |

**ㅋ**

| 〔쾌〕 | 快 쾌할쾌 |
|---|---|

**ㅌ**

## ㅌ

[타] 他 다를타　墮 떨어질타　妥 타협할타　打 칠타
脫 벗을탈　奪 빼앗을탈　[탐] 探 찾을탐　貪 탐낼탐
[택] 澤 못택　擇 가릴택　宅 집택(댁)　[토] 土 흙토　吐 토할토
[투] 投 던질투　透 통과할투　鬪 싸울투　[특] 特 특별할특

[탁] 托 밀칠탁　琢 쪼을탁　濁 흐릴탁　濯 씻을탁　[탄] 彈 탄알탄　炭 숯탄　歎 탄식하탄　[탈] 脫 벗을탈
[탑] 塔 탑탑　[탕] 湯 끓일탕　[태] 怠 게으를태　殆 위태로울태　太 콩태　泰 클태　態 태도태
[토] 兔 토끼토　討 칠토　[통] 通 통할통　痛 아플통　統 거느릴통　[퇴] 退 물러날퇴

## ㅍ

[파] 破 깨뜨릴파　波 물결파　頗 치우칠파　播 뿌릴파　派 물갈래파　罷 파할파　[판] 判 판단할판　板 널판　版 조각판　販 팔판　[팔] 八 여덟팔　[패] 貝 조개패　敗 패할패　[편] 便 편할편　片 조각편　篇 책편　編 엮을편　遍 두루편　[평] 平 평할평　坪 벌판평　評 평론할평　[폐] 幣 돈폐　弊 폐단폐　蔽 가릴폐　廢 폐할폐　肺 허파폐　閉 닫을폐　[포] 布 베포　浦 물가포　捕 잡을포　包 쌀포　抱 안을포　胞 세포포　飽 배부를포　暴 사나울포(폭)　[폭] 幅 넓이폭　爆 폭발할폭　[표] 表 겉표　票 표표　漂 뜰표　標 표할표　[품] 品 물건품　[풍] 風 바람풍　楓 단풍나무풍　豊 풍년풍　[피] 皮 가죽피　彼 저피　被 입을피　疲 피곤할피　避 피할피　[필] 必 반드시필　畢 마칠필　筆 붓필　匹 짝필

## ㅎ

[하] 下 아래하　何 어찌하　河 물하　荷 멜하　賀 축하할하　夏 여름하　[학] 學 배울학　鶴 학학　[한] 限 한정한　恨 원한한　汗 땀한　旱 가물한
閑 한가할한　漢 한수한　寒 찰한　韓 나라한　[할] 割 나눌할　[함] 含 머금을함　咸 다함　函 상자함　陷 빠질함　艦 싸움함　[합] 合 합할합　[항] 抗 대항할항　航 배항　項 목항　巷 거리항　港 항구항　恒 항상항　[해] 亥 돼지해　該 그해　奚 어찌해　解 풀해　害 해칠해　海 바다해　[핵] 核 씨핵
[행] 幸 다행행　行 갈행　[향] 香 향기향　向 향할향　鄕 고을향　響 울릴향　享 누릴향　[허] 虛 빌허　許 허락할허　[헌] 憲 법헌　獻 드릴헌
軒 추녀끝헌　[험] 驗 시험할험　險 험할험　[혁] 革 가죽혁　[현] 現 나타날현　玄 검을현　絃 악기줄현　弦 활시위현　顯 나타날현　縣 달릴현　懸 고을현　賢 어질현
[혈] 血 피혈　穴 구멍혈　[협] 協 도울협　脅 위협할협　[형] 兄 형형　亨 형통할형　螢 반딧불형　形 얼굴형　刑 형벌형　兄 맏형　[혜] 惠 은혜혜　慧 지혜혜
兮 어조사혜　[호] 號 이름호　乎 어조사호　呼 부를호　浩 넓고클호　互 서로호　胡 오랑캐호　湖 호수호　戶 집호　豪 호걸호　虎 범호　護 보호할호　好 좋을호　毫 터럭호
[혹] 或 혹혹　惑 미혹할혹　[혼] 混 섞을혼　昏 어두울혼　婚 혼인할혼　魂 넋혼　[홀] 忽 문득홀　[홍] 弘 클홍　洪 넓을홍　紅 붉을홍　鴻 큰기러기홍
[화] 禾 벼화　和 화합할화　話 말할화　火 불화　化 될화　貨 재물화　禍 재화화　華 빛날화　畵 그림화　[확] 穫 거둘확　確 확실할확　擴 넓힐확
[환] 換 바꿀환　丸 알환　患 근심환　環 둘레환　還 돌아올환　歡 기뻐할환　[활] 活 살활　[황] 黃 누를황　皇 임금황　況 하물며황　荒 거칠황　[회] 回 돌아올회
會 모을회　灰 재회　回 돌아올회　懷 품을회　悔 뉘우칠회　[획] 獲 얻을획　劃 그을획　[횡] 橫 가로횡　[효] 效 본받을효　孝 효도효　曉 새벽효　[후] 後 뒤후　休 쉴휴
侯 제후후　候 날씨후　喉 목구멍후　厚 두터울후　嗅 냄새맡을후　後 뒤후　[훈] 訓 가르칠훈　[훼] 毁 헐훼　[휘] 揮 떨칠휘　輝 빛날휘　[흉] 凶 흉할흉　[희] 希 바랄희　稀 드물희　喜 기쁠희　熙 빛날희
携 가질휴　[흉] 凶 흉할흉　胸 가슴흉　[흑] 黑 검을흑　[흡] 吸 숨들이쉴흡　[흥] 興 일흥
戱 희롱할희　噫 느낄희(애)

## 二十四節氣表

| 節氣 | 陽曆 | 陰曆 | 節氣 | 陽曆 | 陰曆 |
|---|---|---|---|---|---|
| 立春 | 2月 4〜 5日 | 1月 | 立秋 | 8月 8〜 9日 | 7月 |
| 雨水 | 2月18〜19日 | 1月 | 處署 | 8月23〜24日 | 7月 |
| 驚蟄 | 3月 5〜 6日 | 2月 | 白露 | 9月 8〜 9日 | 8月 |
| 春分 | 3月21〜22日 | 2月 | 秋分 | 9月23〜24日 | 8月 |
| 清明 | 4月 5〜 6日 | 3月 | 寒露 | 10月 8〜 9日 | 9月 |
| 穀雨 | 4月20〜21日 | 3月 | 霜降 | 10月24〜25日 | 9月 |
| 立夏 | 5月 6〜 7日 | 4月 | 立冬 | 11月 8〜 9日 | 10月 |
| 小滿 | 5月21〜22日 | 4月 | 小雪 | 11月22〜23日 | 10月 |
| 芒種 | 6月 5〜 6日 | 5月 | 大雪 | 12月 7〜 8日 | 11月 |
| 夏至 | 6月21〜22日 | 5月 | 冬至 | 12月22〜23日 | 11月 |
| 小暑 | 7月 7〜 8日 | 6月 | 小寒 | 1月 6〜 7日 | 12月 |
| 大暑 | 7月23〜24日 | 6月 | 大寒 | 1月20〜21日 | 12月 |

## 陰曆 12個月의 異稱

| 四季 | 月 | 異 | | 稱 |
|---|---|---|---|---|
| 春 | 1 | 孟春 | 初春 | 元月·上春·靑歲·寅月·端月·正月 |
| 春 | 2 | 仲春 | | 令月·仲陽·醋春·卯月·麗月·杏月 |
| 春 | 3 | 季春 | 晚春 | 嘉月·暮春·花月·喜月·竹秋·桃月 |
| 夏 | 4 | 孟夏 | 初夏 | 乏月·余月·正陽·夏半·麥秋 |
| 夏 | 5 | 仲夏 | | 星月·薰風·早月·皐月·蒲月 |
| 夏 | 6 | 季夏 | 晚夏 | 長夏·旦月·火月·焦月·林鐘 |
| 秋 | 7 | 孟秋 | 初秋 | 首秋·梧月·冷月·新秋·巧月·蘭秋 |
| 秋 | 8 | 仲秋 | | 牡月·正秋·荻月·葉月·竹春·太衡 |
| 秋 | 9 | 季秋 | 晚秋 | 菊月·暮秋 |
| 冬 | 10 | 孟冬 | 初冬 | 吉月·上冬·小春 |
| 冬 | 11 | 仲冬 | | 朔月·暢月·復月·子月 |
| 冬 | 12 | 季冬 | 晚冬 | 終月·極月·除月 |

# 十干(십간)·十二支(십이지) 및 六十甲子(육십갑자)

1. 十 干(天干) : 육십 갑자의 윗단위를 이루는 요소의 열 가지.

① 甲(갑) ② 乙(을) ③ 丙(병) ④ 丁(정) ⑤ 戊(무)

⑥ 己(기) ⑦ 庚(경) ⑧ 辛(신) ⑨ 壬(임) ⑩ 癸(계)

2. 十二支(地支) : 육십 갑자의 아래 단위를 이루는 요소의 열두 가지.

① 子(자－쥐) ② 丑(축－소) ③ 寅(인－범) ④ 卯(묘－토끼) ⑤ 辰(진－용)

⑥ 巳(사－뱀) ⑦午(오－말) ⑧ 未(미－양) ⑨ 申(신－원숭이) ⑩ 酉(유－닭)

⑪ 戌(술－개) ⑫ 亥(해－돼지)

3. 十二支 時間表

| | |
|---|---|
| ① 쥐(子時)＝오후 11시～오전 1시 | ② 소(丑時)＝오전 1시～3시 |
| ③ 범(寅時)＝오전 3시～5시 | ④ 토끼(卯時)＝오전 5시～7시 |
| ⑤ 용(辰時)＝오전 7시～9시 | ⑥ 뱀(巳時)＝오전 9시～11시 |
| ⑦ 말(午時)＝오전 11시～오후 1시 | ⑧ 양(未時)＝오후 1시～3시 |
| ⑨ 원숭이(申時)＝오후 3시～5시 | ⑩ 닭(酉時)＝오후 5시～7시 |
| ⑪ 개(戌時)＝오후 7시～9시 | ⑫ 돼지(亥時)＝오후 9시～11시 |

4. 六十甲子

| | | | | | |
|---|---|---|---|---|---|
| ① 甲子 | ⑪ 甲戌 | ㉑ 甲申 | ㉛ 甲午 | ㊶ 甲辰 | (51) 甲寅 |
| ② 乙丑 | ⑫ 乙亥 | ㉒ 乙酉 | ㉜ 乙未 | ㊷ 乙巳 | (52) 乙卯 |
| ③ 丙寅 | ⑬ 丙子 | ㉓ 丙戌 | ㉝ 丙申 | ㊸ 丙午 | (53) 丙辰 |
| ④ 丁卯 | ⑭ 丁丑 | ㉔ 丁亥 | ㉞ 丁酉 | ㊹ 丁未 | (54) 丁巳 |
| ⑤ 戊辰 | ⑮ 戊寅 | ㉕ 戊子 | ㉟ 戊戌 | ㊺ 戊申 | (55) 戊午 |
| ⑥ 己巳 | ⑯ 己卯 | ㉖ 己丑 | ㊱ 己亥 | ㊻ 己酉 | (56) 己未 |
| ⑦ 庚午 | ⑰ 庚辰 | ㉗ 庚寅 | ㊲ 庚子 | ㊼ 庚戌 | (57) 庚申 |
| ⑧ 辛未 | ⑱ 辛巳 | ㉘ 辛卯 | ㊳ 辛丑 | ㊽ 辛亥 | (58) 辛酉 |
| ⑨ 壬申 | ⑲ 壬午 | ㉙ 壬辰 | ㊴ 壬寅 | ㊾ 壬子 | (59) 壬戌 |
| ⑩ 癸酉 | ⑳ 癸未 | ㉚ 癸巳 | ㊵ 癸卯 | ㊿ 癸丑 | (60) 癸亥 |

## ■ 年齡(연령)의 異稱(이칭) ■

志學(지학) : 공자가 15세가 되어 학문에 뜻을 두었다는 데서 유래한 말.
　　　　　　 15세를 일컫는 말.
弱冠(약관) : 남자 나이 20세가 된 때를 일컬음.
而立(이립) : 논어에서 인생 30은 이립이라 하였음. 30세를 일컬음.
不惑(불혹) : 공자가 40세에 이르러 세상일에 미혹하지 않았다는 데서 나온 말.
　　　　　　 40세를 이르는 말.
知命(지명) : 공자가 50세가 되어 천명(天命) 즉, 하늘의 명을 알았다는 데서 나온 말.
　　　　　　 50세를 일컫는 말.
耳順(이순) : 공자가 60세가 되어 천지만물의 이치에 통달하였다하여 일컬은 말.
　　　　　　 60세를 일컬음.
還甲(환갑) : 회갑(回甲) 또는 화갑(華甲)이라고도 함. 61세를 일컬음.
進甲(진갑) : 환갑 다음 해의 생일. 62세를 일컬음.
古稀(고희) : 중국 최고의 시인 두보(杜甫 712~770)가 지은 곡강시(曲江詩) 「인생 칠십
　　　　　　 고래희 (人生七十古來稀)」에서 나온 말.
　　　　　　 70세를 이르는 말. 희수(稀壽)라고도 함.
從心(종심) : 70세가 되면 뜻대로 행동한다는 데서 이름. 70세의 별칭.
喜壽(희수) : 77세를 일컫는 말.
米壽(미수) : 88세를 일컬음.
白壽(백수) : 「百(백)」에서 일(一)을 빼면 99가 되고 「白(백)」자가 되는 데서 99세가 됨.
上壽(상수) : 100세 이상의 나이 또는 보통 사람보다 훨씬 많은 나이.

## ■ 慶弔文·壽禮書式(경조문 · 수례서식) ■

| 結婚式(결혼식) | 回甲宴(회갑연) |
|---|---|
| 祝축 祝축 祝축 祝축<br>　　結결 華화 盛성<br>　儀의 婚혼 婚혼 典전 | 慶경 賀하 祝축 祝축<br>　　　　壽수 回회<br>　儀의 儀의 宴연 甲갑 |
| 祝賀(축하) | 謝禮(사례) |
| 祝축 祝축 祝축<br>榮영 發발 當당<br>轉전 展전 選선 | 菲비 略약 薄박<br><br>儀의 禮례 禮례 |
| 大小祥(대소상) | 喪家(상가) |
| 香향 菲비 薄박<br><br>奠전 禮례 儀의 | 弔조 賻부 謹근 奠전<br><br>意의 儀의 弔조 儀의 |

판 권
소 유

**원본해설 명심보감**    값 7,500원

편 자   서   경
발행인   우 제 군
발행처   예성출판사

2016년 10월 30일 발행

주   소 : 서울시 중구 을지로41길 24 (을지로6가 18-55)
우편번호 : 04564
전   화 : 2267-8739 · 2272-9646 · 2266-9153
팩   스 : (02)2269-3393
등록번호 : 제2-213
등 록 일 : 1979. 11. 22.

* 복사 · 전재 엄금

ISBN 978-89-7388-301-1